Den ultim
veganske sandwich-
kogebog

100 innovative veganske sandwichopskrifter til enhver lejlighed

Jens Svensson

Dette dokument er rettet mod at give nøjagtige og pålidelige oplysninger om det emne og problem, der er dækket. Publikationen sælges med den tanke, at forlaget ikke er forpligtet til at udføre regnskabsmæssige, officielt tilladte eller på anden måde kvalificerede tjenester. Hvis rådgivning er nødvendig, juridisk eller professionel, bør en praktiseret person i erhvervet bestilles.

Det er på ingen måde lovligt at reproducere, duplikere eller transmittere nogen del af dette dokument i hverken elektroniske midler eller trykt format. Optagelse af denne publikation er strengt forbudt, og enhver opbevaring af dette dokument er ikke tilladt, medmindre der er skriftlig tilladelse fra udgiveren. Alle rettigheder forbeholdes.

Advarsel Ansvarsfraskrivelse: Denne bogs **oplysninger** er sande og fuldstændige efter vores bedste viden. Alle anbefalinger er lavet uden garanti på forfatteren eller historieudgivelsen. Forfatteren og udgiveren fraskriver sig og hæfter i forbindelse med brugen af disse oplysninger

Indholdsfortegnelse

4

INDLEDNING

I en verden, hvor mad ikke kun er næring, men en kunstform, har sandwich en særlig plads. De er alsidige, bærbare og kan tilpasses uendeligt. Men hvad nu hvis du kunne tage denne klassiske comfort food og gøre den helt plantebaseret? Velkommen til *The Ultimate Vegan Sandwich Cookbook* , hvor vi forvandler simple ingredienser til læskende kreationer, der tilfredsstiller enhver trang.

Uanset om du længe er veganer, en nysgerrig madelsker eller bare leder efter lækre måder at inkorporere flere plantebaserede måltider i din kost, er denne bog din guide. Indeni finder du opskrifter, der balancerer sundhed med fornøjelse, fra hurtige og nemme muligheder for travle hverdage til gourmetmesterværker, der er perfekte til at underholde. Lad os omdefinere, hvad en sandwich kan være - lag for lag, bid for bid.

Er du klar til at løfte dit sandwichspil?

Lad os komme i gang!

1. VEGAN HUMMUS-SANDWICH

Ingredienser til 1 portion

- 2 skiver/n Brød (fuldkornsbrød)
- 2 spsk, dybt   hummus
- 3 agurkeskiver
- 2 tomatskiver
- 2 skiver / Avocado(r)
- $\frac{1}{4}$ Afgifter Alfalfaspirer
- $\frac{1}{4}$ Afgifter Gulerod(er), revet

Forberedelse

1. Rist brødet og fordel 1 spsk hummus på hver. Dæk med de resterende ingredienser og server.

2. SUPER SMAGLIG VEGANSK SANDWICH

Ingredienser til 2 portioner

- 2 skiver bondebrød
- 1 avocado
- $\frac{1}{2}$ dosis kikærter
- $\frac{1}{2}$ tsk spidskommen
- $\frac{1}{2}$ tsk rasel hanout
- olivenolie
- salt og peber
- 1 håndfuld spirer

Forberedelse

2. Varm først lidt olivenolie i en gryde til denne ultimative veganske sandwich og svits brødet på begge sider. Herefter tages det ud og krydderierne hældes i, til de begynder at

suse og dufte. Dernæst tilsættes kikærterne og steges i cirka 5 minutter, hvorefter de saltes godt og pebres.

3. Avocadoen skæres i skiver og moses let på brødskiverne. Derefter toppes sandwichen med spirer og kikærter.

3. SPELLET SANDWICH TOAST

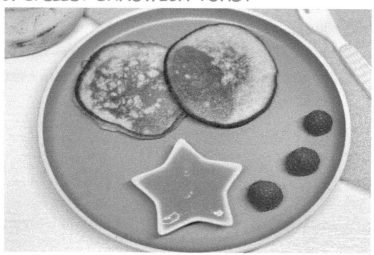

Ingredienser til 1 portion

- 600 g speltmel, type 630
- 390 ml lunkent vand
- 80 g vegetabilsk olie, smagløs
- 13 g salt
- 14 g sukker
- 18 g gær

Forberedelse

1. Opløs gæren i vandet. Kom de resterende ingredienser i en røreskål, tilsæt gærvandet og ælt derefter med røremaskinen eller foodprocessoren (jeg lod dejen ælte i godt 5 minutter med maskinen). Lad derefter dejen

hæve i skålen i mindst 30 minutter, men bedre i 1 time (nogle gange skal det bare gå lidt hurtigere).

2. Tag herefter dejen op af skålen og ælt godt igen i hånden. Del derefter dejen i 4 stykker, ælt segmenterne kort igen, form en kugle, og læg ved siden af hinanden i en brødform (30 cm bradepande) beklædt med bagepapir eller smurt. Lad os gå igen. Gerne indtil dejen har nået kanten af gryden (men også her mindst 30 minutter). Hvis brødet kun tager korte hviletider, så skær på midten, så det ikke rives op på siderne! Forvarm ovnen til 210°C over-/undervarme, tilsæt derefter brødet og bag i 10 - 15 minutter ved 210°. Skru den derefter ned til 180°C og bagning færdig på 30 minutter. Hvis du er i tvivl om det er færdigt, så bank på siden. Hvis det lyder hult, er det færdigt. Fald straks ud af formen og lad køle af.

4. VEGANSK TUNFISK-SANDWICH

Ingredienser til 2 portioner

- 2 baguette(r), souls eller lignende, veganske
- 1 dosis jackfruit
- 100 g kikærter, kogte
- 4 g tang (nori alger)
- 1 skalotteløg
- 1 agurk(e)
- 75 g sojakvark (alternativ kvark)
- 1 tsk sennep
- 2 tsk sojasovs
- 2 Mayonnaisen, vegansk
- 1 tsk salt
- $\frac{1}{2}$ tsk peber
- $\frac{1}{2}$ tsk dild
- Salat, tomat, agurk, løg

Forberedelse

1. Skær sjælene eller baguetterne på langs i siderne, så du kan folde dem ud, men ikke åbne dem helt.
2. Dræn jackfrugten og kom den i en skål sammen med kikærterne. Mos begge dele med en kartoffelmoser. Skær eventuelt de faste stykker af jackfrugten i små stykker med en kniv.
3. Skræl skalotteløget og skær det i fine tern som pickles. Kom begge dele med de resterende ingredienser i skålen og bland godt.
4. Placer sjælene med salat, tomat, agurk, løg mv. efter smag og hæld "tun"-blandingen i.

5. VEGAN PASTRAMI-SANDWICH

Ingredienser til 1 portion

- 2 skiver/n brød
- 6 skiver/n pastrami, vegansk
- 1 cornichoner)
- 1 salatblad
- 1 mayonnaise, vegansk
- 2 tsk sennep
- 1 tsk agavesirup

Forberedelse

1. Skær agurken på langs i tynde skiver. Rist brødskiverne i brødristeren. Hvis pastramien spises lunken, varmes den i mikroovnen i

cirka 30 sekunder, inden du topper brødet. Så bliver den lidt mere elastisk igen og kan bedre foldes sammen. Bland sennep og agavesirup til en dressing.

2. Pensl den nederste skive brød med mayonnaisen og dæk den ene efter den anden med salat, pastrami og agurkeskiver. Dryp sennepsdressingen over og læg den øverste skive brød ovenpå.

6. PLOVERVEGANER MED KORNSKIVER

INGREDIENSER

- 8 skiver Vegansk Smoky Skinke Free Quorn
- 100 g Violife Epic Mature Cheddar Flavor Block skåret i 8 skiver.
- 4 skiver rug- eller surdejsbrød
- 1 æble
- 4 spsk. til c. af relish eller Ploughman's pickle
- 4 spsk. til s. vegansk mayonnaise
- En håndfuld brøndkarse eller ærtespirer til pynt

Til de syltede løg:

- 1 rødløg
- 1 C. til c

- 100 ml rødvinseddike

FORBEREDELSE

1. Til de marinerede løg skal du skrælle og skære rødløget i ringe og lægge det i en stor skål.
2. Dæk løgene med friskkogt vand og lad trække i 5 minutter.
3. Dræn derefter løgene, skyl dem i koldt vand, tilsæt salt og dæk dem med rødvinseddike. Lad marinere i 20 minutter.
4. For at tilberede smørrebrød skal du smøre hver skive brød med vegansk mayonnaise og toppe dem med to skiver Quorn Vegan Smoky Ham Free og to skiver Violife Epic Mature Cheddar Flavour Block.
5. Skær æblet i tynde skiver. Tilføj dem til hver sandwich med en teskefuld Plowman's pickle.
6. Dræn de syltede løg, tilsæt dem til hver sandwich og pynt med brøndkarse.

7. VEGANSK SKINKEQUORN RULLER OG OSTERSTATNING

Ingredienser

- 8 skiver Vegansk Smoky Skinke Free Quorn
- 4 skiver Violife Smoky Cheddar Flavor
- 150 g Violife cremet original smag
- 2 tortilla wraps
- En håndfuld hakket frisk purløg
- 1 forårsløg, hakket til pynt

Forberedelse

1. Placer Violife cremet smørbar osterstatning i en skål. Bland finthakket purløg i.
2. Fordel purløgscremen jævnt over tortillaerne.

3. Læg en skive Quorn Smoky Ham Free på smøreosten i midten af tortillaen, og tilsæt derefter en skive Violife Smoky Cheddar Flavor. Gentag på resten af tortillaen.
4. Rul det hele stramt sammen til en wrap og skær det i 3 stykker.
5. Server pyntet med finthakket forårsløg.

8. QUORN VEGAN NUGGET TORTILLA RULLER

Ingredienser

- 200 g Quorn Vegan Nuggets
- 2 store helmålstortillas
- 70 g frisk vegansk ost
- $\frac{1}{2}$ revet gulerod
- 45 g sukkermajs
- 1/3 finthakket rød peber

Forberedelse

1. Kog de veganske nuggets efter pakkens anvisninger.
2. Fordel hele melet jævnt med flødeost. Fordel revet gulerod, majs og rød peber mellem tortillaerne, og læg derefter 5 veganske Quorn-nuggets i midten.

3. Pak tortillaerne godt ind, skær enderne af, skær derefter hver tortilla i 8 stykker og server.

9. QUARN PØLSEWRAPS

Ingredienser

- 5 Quorn Vegetar Chipolatas
- 2 spsk. til s
- ½ lille rødkål, skåret i tynde skiver
- 2 spsk. til s. rørsukker
- 1 rødt æble, skåret i tynde skiver
- 3 spsk. til s. balsamico
- 1 C. til c. muskatnød
- 50 ml vand
- 5 tortilla wraps
- 5 c tranebærsauce
- 100 g rucola blade
- 160 g brie, skåret i skiver

FORBEREDELSE

1. Forvarm ovnen til 190°C / termostat 5.
2. I en stor gryde smeltes smørret ved middel varme. Tilsæt rødkålen, udblød alle bladene i det smeltede smør. Sauter forsigtigt i 5 minutter.
3. Tilsæt sukker, æbleskiver, eddike og muskatnød. Bland godt, inden du dækker og simrer. Efter 15 minutter tilsættes vandet og koges ved svag varme under jævnlig omrøring i yderligere 15 minutter, indtil kålen er mør.
4. Brun imens Quorn-vegetarpølserne efter anvisningen på pakken, indtil de er gyldenbrune. Lad afkøle.
5. Fordel en spiseskefuld tranebærsauce på hver tortilla, og tilsæt derefter en spiseskefuld braiseret kål. Drys med rucola og læg en hel pølse, samt skiverne af brie. Rul tortillaen for at få en tæt indpakning.
6. Skær hver wrap i 4 stykker og fastgør med tandstikker eller halver og server på en tallerken med rucola.

10. QUORN FISKEFRI STIKKE WRAP BIT

INGREDIENSER

- 1 pakke Quorn Fiskefri Sticks
- 3 spsk. til s. let vegansk mayonnaise
- 3 spsk. til s. ketchup
- 5 store fuldkornstortillas
- 2 store iceberg salatblade, skåret i tynde strimler

FORBEREDELSE

1. Kog Quorn Vegan Fish-Free Sticks i henhold til pakkens anvisninger.
2. Kom mayonnaise og ketchup i en skål. Fordel denne blanding over de 5 tortillas, derefter icebergsalaten. Læg 2 Quorn Vegan Fish-Free Sticks på hver wrap og rul dem sammen. Skær enderne af hver wrap, og skær dem derefter i 3 lige store dele.

11. VEGANSK QUORN BAGUETTE MED KYLLING KARRY SALAT

INGREDIENSER

- 375 g vegansk quorn-kyllingesalat i karrystil
- 2 baguetter
- 50 g de mesclun
- 16 cocktailtomater
- Frisk basilikum
- Sort peber

FORBEREDELSE

1. Skær baguetterne i halve og derefter vandret for at placere fyldet.

2. Fyld dem med salat, vegansk curry-kylling-stil Quorn og halverede cocktailtomater.
3. Smag til med frisk basilikum og sort peber.

12. VARMLUFTSTEGTE QUORN VEGAN NUGGET TACOS OG CHIMICHURRI

INGREDIENSER

- 1 pakke Quorn veganske nuggets
- 3/4 kop finthakket frisk koriander
- 1/4 kop olivenolie
- 1 C. til c. limeskal
- 1/4 kop limesaft
- 1 jalapeñopeber, skrællet og fint skåret
- 1 fed hvidløg, hakket
- 1/2 tsk. til c. tørret oregano
- 1/2 tsk. til c. salt
- 6 majstortillas (15 cm), varmede

- 1 avocado, skrællet, udstenet og skåret i tern
- 1/3 kop hakket rødløg

METODE

1. Indstil varmluftfrituregryden til 200 °C i henhold til producentens forberedelse. Smør friturekurven rigeligt. Læg Quorn veganske nuggets i 2 omgange i kurven (uden at fylde for meget). Steg dem, vend efter 5 minutter, i 10 til 12 minutter eller indtil de er gyldenbrune.
2. Tilbered i mellemtiden chimichurri-saucen ved at blande koriander, olivenolie, limeskal, limesaft, jalapeñopeber, hvidløg, oregano og salt.
3. Server nuggetsene i tortillaerne med avocado, chimichurri og rødløg.

13. VEGANSK QUORN PÂTÉ APERITIF SNACKS

INGREDIENSER

- 250 g vegansk Quorn-postej
- 120 g crostini
- 200 g baguette
- 200 g rugbrød
- Ærteskud
- Cherrytomater
- Friske krydderurter
- Peber

FORBEREDELSE

1. Skær baguetten i skiver og rugbrødet i trekanter.
2. Skær cherrytomater i halve.
3. Smør med vegansk Quorn-postej og pynt med ærteskud, cherrytomater, chilipeber og friske krydderurter.

14. QUORN SOUTHERN STIL VEGETARISK BURGER WRAPS

INGREDIENSER

- 1 stk. Af Quorn-vegetarburgere i sydlig stil
- 2 tortillas
- 1 håndfuld salat, skåret i strimler
- 2 tomater, i tern
- Cremet pebersauce:
- 125 ml mayonnaise, let evt
- $\frac{1}{2}$ tsk. til c. sort peber
- 1 C. til c. citronsaft

FORBEREDELSE

1. Tilbered Quorn Southern Style vegetariske burgere i henhold til pakkens anvisninger.
2. Bland mayonnaisen med sort peber og citronsaft.
3. Fordel 1 til 2 spiseskefulde cremet pebersauce på en opvarmet tortilla.
4. Arranger salatstrimlerne og hakkede tomater i midten af tortillaen og pynt salaten med varme Southern Style Burgers fra Quorn. Rul og nyd!

15. QUORN VEGETARISK HAKKET BURRITO, SØD KARTOFFEL, SORT BØNNER OG CHIPOTLE PEBER

INGREDIENSER

Til sød kartoffel:

- 1 sød kartoffel, skrællet og skåret i ca. 2,5 cm tern
- 1 C. til s. olivenolie
- 1 C. til c. chipotle peber flager
- 1 C. til c. røget paprika

Til chilien:

- 2 pakker Quorn Vegetarfars
- 1 C. til s. olivenolie

- 1 hvidløg, finthakket
- 4 fed hvidløg, knust
- 1 C. til c. stødt spidskommen
- 1 C. til c. malet koriander
- 1 C. til c. røget paprika
- 2 spsk. til c. chipotle peberpasta
- 400 g tomater i tern
- 1 C. til s. tomatpuré
- 400 g sorte bønner på dåse, drænet
- Salt og peber (efter smag)

Til salsa saucen:

- 200 g cherrytomater
- $\frac{1}{4}$ løg, finthakket
- $\frac{1}{2}$ stor rød peberfrugt, frøet og finthakket
- 1 C. til c. ekstra jomfru olivenolie
- Salt og peber (efter smag)

At tjene:

- 4 store fuldkornsmelstortillas
- 200 g kogte langkornede ris
- Frisk koriander, hakket
- Isbjergsalat
- Avocado skåret i skiver
- Revet ost
- Creme fraiche eller creme fraiche

FORBEREDELSE

1. Forvarm din ovn til 180 ° C / termostat 4. Anbring de skåret søde kartofler på en bageplade, og tilsæt derefter olivenolie, den røgede paprika og chiliflager. Bages halvt op i 20 minutter. Forbered imens chilien.

2. Hæld olien i en sauterpande og varm den op på en tallerken ved middel varme. Tilsæt løgene og svits i 2-3 minutter. Tilsæt hvidløg og spidskommen, koriander, røget paprika og chili, og steg derefter i 2 minutter mere. Til sidst tilsættes tomater i tern, tomatpuré og Quorn-fars. Kog i 10 minutter.

3. Tag imens den søde kartoffel ud af ovnen. Tilsæt de sorte bønner og ristede søde kartofler til chilien, og kog derefter i yderligere 5 minutter. Fjern fra varmen.

4. For at tilberede salsasaucen skal du kombinere alle ingredienserne i en skål og derefter sætte til side.

5. Opvarm fire store fuldkornstortillas under grillen eller i en sauterpande ved svag varme for at forberede burritos. Læg dem derefter fladt ud og fordel ris, koriander, chili, salsasauce, salat, avocado, revet ost og fløde jævnt. For at folde burritoen, fold den ene side over midten af burritoen, fold fast

med fingrene for at danne en rulle rundt om fyldet. Fold hver side ind mod midten af burritoen og rul den op på sig selv, indtil den er stram. Læg sømmen på de to kanter mod pladen. Skær burritoen i halve inden servering.

16. VEGETARISK BURRITOS

INGREDIENSER

- 6 Quorn Vegetar Chipolatas
- ½ tsk. til s. let margarine
- 8 mellemstore fritgående æg, pisket
- ¼ tsk. til c. salt
- ¼ tsk. til c. sort peber
- 4 fuldkornswraps
- 40 g vasket babyspinat
- 2 avocadoer, skrællet, udstenet og skåret i skiver
- 100 g cherrytomater, skåret i halve

FORBEREDELSE

1. Kog Quorn Chipolatas efter pakkens anvisninger. Skær hver pølse i 4 og stil til side.

2. Varm en stegepande op over medium varme. Tilsæt margarinen. Når det er smeltet, hældes de sammenpiskede æg, salt og peber i. Kog æggene under konstant omrøring, indtil blandingen tykner og rører sig. Tag fra varmen og stil til side.

3. Opvarm wraps i en stegepande, og overfør dem derefter til et rent skærebræt eller bordplade. Top hver wrap med spinat, avocado, cherrytomater, røræg og Quorn chipolata skiver. Rul op og fold for at lukke.

17. QUORN FAJITAS I TERN MED MANGO SAUCE

INGREDIENSER

- 175 g vegetarisk Quorn
- 1 C. til s. vegetabilsk olie
- ½ hakket løg
- ½ rød peber, finthakket
- 1 fed hvidløg, knust
- ½ tsk. til c. Paprika
- ½ tsk. til c. chiliflager
- ½ tsk. til c. chili pulver
- ½ tsk. til c. stødt spidskommen
- ½ tsk. til c. malet koriander
- En halv lime, skal og saft
- Sovs
- ½ mango, fint skåret

- ½ rødløg, hakket
- ¼ af c. til c. citronsaft
- 2 spsk. til c. mango chutney
- ½ moden avocado, skrællet, udstenet og skåret i skiver
- 2 opvarmede tortillas
- Frisk koriander, hakket

FORBEREDELSE

1. Opvarm vegetabilsk olie i en stor non-stick stegepande. Brun Quorn-terningerne i 5 minutter, eller indtil de begynder at blive brune. Tilsæt løg og peberfrugt og steg i 5 minutter eller indtil de er møre. Tilsæt hvidløg,
2. tørrede krydderier og lime. Bland i yderligere 5 minutter, så løgene er møre.
3. Kom mango, rødløg og mangochutney i en salatskål. Dæk til og stil i køleskabet.
4. Læg cirka 5 avocadoskiver i hver wrap med en klat af fajita-blandingen. Top med mangosauce og drys med frisk koriander.
5. Fold tortillaen godt sammen og pak den ind i plastfolie til en snack eller server med en salat og sprøde kartoffelbåde.

18. VEGANSK RØGET SKINKE GRATIS SKIVER KVORN BAGUETTE

INGREDIENSER

- 3 skiver Quorn Vegan Smoky Skinke Free Slices
- 15 cm baguette
- 3 skiver ost
- 1 tomat
- Salatblade

FORBEREDELSE

1. Skær baguetten i halve og fordel margarinen.
2. Skær tomaten i skiver og skyl salaten.
3. Top baguetten med ost, Quorn Vegan Smoky Skinkefri Skiver, tomat og salat.

19. BAGEL MED CASHEWCREME OG MARINERET GULEROD

Ingredienser

- bagelboller - 4
- gulerødder - 3
- rødløg - 1
- cashewnødder - 200 (g)
- sojayoghurt - 1
- rucola - 1 (håndfuld)
- tomater - 1
- agurk - 0,25
- citron - 1
- purløg
- sojasovs - 5 (cL)

- neutral olie - 5 (cL)
- salt
- peber

Forberedelse

1. Forbered gulerødderne: Skræl dem og steg dem i ovnen, hele på en bageplade med bagepapir, i 30 minutter ved 160 ° C. De skal være meget smeltende. Når de er kogt og afkølet, skærer du dem i tynde strimler på langs. Læg dem til at marinere i olien, sojasovsen og citronsaften natten over (eller minimum 3-4 timer).

2. Tilbered cashewcremen: Læg dine cashewnødder i blød natten over i vand, eller kog dem i 15 minutter i kogende vand i en gryde. Dræn og bland med sojayoghurten. Smag til med salt og peber (og citronsaft efter smag).

3. Pil rødløget, skær det i tynde ringe, og adskil ringene. Hak purløget. Skær tomat eller agurk i skiver, hvis du har.

4. Rist dine bagelboller. Smør begge sider med cashewcreme, tilsæt rucola, marinerede gulerødder, rå grøntsager hvis du vil, og lidt purløg. Den er klar!

20. VEGAN HOTDOGS

Ingredienser

- pølseboller - 4
- kogte røde bønner - 200 (g)
- brødkrummer - 80 (g)
- tomater - 1
- arvestykketomater - 3
- Rødløg
- ketchup
- Vegansk mayonnaise
- olivenolie
- Paprika
- Cayennepeber
- salt
- peber

Forberedelse

1. Bland kidneybønnerne med salt og krydderier. Reserver i en blind vej.
2. Pil rødløget og skær halvdelen i små tern. Skær også din normale tomat tyndt og tilsæt alt til din røde bønneblanding.
3. Afslut med brødkrummer for at give konsistens og form 4 pølser.
4. Tilbered rå grøntsager: Skær dine arvestykketomater i tern og bland dem med en knivspids salt. Skær den anden halvdel af løget i tynde strimler.
5. Kog dine rødbønnepølser på en varm pande med lidt olie, så de er gyldenbrune.
6. Rist dine hotdogboller og pynt dem med ketchup og/eller mayo, pølse med røde bønne og rå grøntsager.

21. VEGANSK MAYONNAISE-SANDWICH I TUNFIL

Ingredienser

- salat - 4 (blade)
- sandwichbrød - 8 (skiver)
- peber
- salt
- frisk purløg - 0,25 (bundt)
- balsamicoeddike - 1 (spsk)
- vegansk mayonnaise - 125 (ml)
- kogt majs - 130 (g)
- kogte kikærter - 260 (g)

Forberedelse

1. I en salatskål: knus kikærterne med en mosknuser. Det behøver ikke at være perfekt knust, det er op til dig!
2. Tilsæt mayonnaise og majs. Tilsæt herefter eddike og det hakkede purløg. Smag til med salt og peber.
3. Læg fyld og salat i dine brødskiver. Luk dine sandwich og skær dem i 4! Den er klar!

Ingredienser til 4 sandwich:

- 8 skiver brød
- 1 kop babyspinat
- Karamelliserede løg med timian
- 100 g usaltede, uristede cashewnødder
- 25 g tapiokastivelse (findes i økologiske butikker)
- saft af 1/2 citron
- 2 spsk. til s. maltet gær
- 1/2 tsk. til c. hvidløgspulver
- 1/2 tsk. til c. salt
- 1/2 tsk. til c. hvid peber
- 180 ml vand

Forberedelse:

1. Dagen før lægges cashewnødderne i blød.
2. Dræn cashewnødderne og hæld dem i blenderen og resten af ingredienserne. Bland indtil en homogen og glat præparation opnås.
3. Overfør den resulterende blanding til en lille gryde og kog i 2-3 minutter over medium varme, indtil maven tykner. Rør konstant med et piskeris under tilberedningen, så det ikke klistrer. Forberedelsen skal se lidt klistret ud.
4. Rist brødskiver, dæk med et godt lag ost, karamelliserede løg og babyspinat eller dine yndlingsingredienser. Nyd din frokost

23. VEGAN KLUB SANDWICH

Ingredienser til 4 sandwich:

- 12 skiver fuldkornsbrød
- vegetabilsk mayonnaise
- 2-3 tomater
- 1 agurk
- tynde   skiver   blandet   salat   eller icebergsalatblade
- 150 gr tofu
- Til grøntsagsmayonnaise:
- 100 ml sojamælk
- solsikkeolie
- 1 spiseskefuld sennep
- 1/2 citron
- 1 knivspids salt

- valgfrit: 1 knivspids gurkemeje

Tilberedning af vegetabilsk mayonnaise

1. Pisk sojamælken med en elpisker, og inkorporér forsigtigt olien, indtil blandingen tykner. Tilsæt sennep, citron og gurkemeje. Salt.

Tilberedning af sandwich

2. I en gryde varmes lidt olivenolie op. Skær tofuen i skiver og brun i gryden med lidt sojasovs. Skræl agurken, salt og lad den dryppe af i et dørslag i 20-30 minutter. Skyl grundigt.
3. Vask tomaterne og skær dem i skiver.
4. I en dyb tallerken blandes salatbladene med lidt mayonnaise.
5. Rist skiverne af sandwichbrød.

Sådan komponeres sandwichen:

1. Læg mayonnaise, svitset tofu, tomat og agurkeskiver på to skiver brød. Læg skiverne oven på hinanden og luk sandwichen med en tredje skive brødkrummer. Skær sandwichen diagonalt for at få 2 trekanter og gør det samme for at komponere de andre sandwich. Jeg ledsagede de små rosmarinkartoffelsandwich med de tomat-

og agurkeskiver, jeg havde tilbage. Selv børnene spiste salaten, det siger det hele!

24. KLUB SANDWICHES - EN SUPER GOURMET 100% GRØNTSAGS OPSKRIFT!

Ingredienser til 3 club sandwich:

- 9 skiver helt sandwichbrød, eller brød efter eget valg
- 15 skiver vegansk bacon
- 300 g fast hvid tofu
- 2 spsk. til s. sojasovs
- 1 C. til c. gurkemeje
- 1 C. til c. sort Himalayasalt Kala Namak
- Peber
- 2 spsk. til s. olivenolie
- Valg af grønne salatblade (foretrækker meget grønne blade)
- 1 revet gulerod
- 3 tomater

- Vegansk mayonnaise
- Sennep

Forberedelse:

1. Rørœg: smuldr tofuen med en gaffel.
2. Varm olivenolien på en pande og hæld den smuldrede tofu med sojasovs, gurkemeje, sort salt og lidt peber. Bland og lad stå i to minutter ved lav varme.
3. Vask salatbladene, vask og skær tomaterne i skiver, skræl og riv guleroden.
4. Varm brødskiverne op.
5. Tilsæt 1 tsk. til c. af sennep i mayonnaise, bland godt. Fordel sennepsmayonnaisen over 6 skiver brød.
6. Anret salaten og lidt gulerod på hver skive.
7. Dæk med rørœg.
8. Anret 2 skiver vegetabilsk bacon på æggene.
9. Tilsæt et par skiver tomat og en dejlig klat mayonnaise.
10. Læg to pyntede skiver oven på hinanden og luk med en tredje skive. Skær sandwichene diagonalt med en god kniv og server.

25. TOFU-KLUB-SANDWICH OG PUTIGNANO-GÅR

Ingredienser

- 200 g almindelig fast tofu
- 3 spsk. til s. olivenolie
- 2 spsk. til s. soja eller tamari sauce (glutenfri)
- 2 spsk. til s. agavesirup
- 1 C. til c. røget paprika
- 1/2 tsk. til c. hvidløgspulver

Til 2 personer:

- 4 skiver fuldkornsbrød
- 2 spsk. til s. basilikum pesto

- 2 håndfulde grønne salatblade
- 1/2 agurk
- 1 C. til c. sesamfrø
- Peber

Forberedelse:

1. Klem tofuen hårdt for at frigive alt dens vand. Lad stå under en vægt i cirka 20 minutter. Tofuen vil så tage bedre imod marinadens smag. Skær tofuen i en tofublok i 4 skiver.
2. Forbered marinaden ved at blande olivenolie, sojasauce, sirup, paprika og hvidløg.
3. Anret tofuskiverne i et fad og dryp rigeligt med marinaden. Gem lidt marinade i skålen. Lad stå i 30 minutter på den ene side, vend og lad stå i yderligere 30 minutter.
4. Bag tofuskiverne ved 210°C i 20 minutter. Vend halvvejs gennem tilberedningen.
5. Samling af sandwichene: fordel pestoen over to skiver toast og dæk med salatblade... .. læg to tofuskiver på. Dæk med agurkeskiver og drys med sesamfrø. Smag til med peber og luk sandwichene.
6. Skær hver sandwich diagonalt og nyd!!

26. GRILLET TOFU CLUB SANDWICH

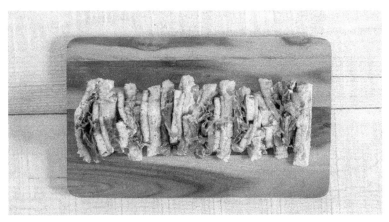

Ingredienser

til tofuen

- ahornsirup - 1 (spsk)
- olie - 2 (spsk)
- sojasauce - 3 (spsk)
- fast tofu - 150 (g)
- sandwichbrød - 6 (skiver)
- sennep - 1 spsk.
- vegansk mayonnaise - 2 (spsk)
- vegansk ost - 2 (skiver)
- tomater - 2
- salat - 4 (blade)

Forberedelse

1. Forbered tofuen: skær den i tynde skiver. Bland sojasovsen, olien og ahornsirup i en

stegepande. Opvarm over høj varme. Når blandingen koger tilsættes tofuskiverne. Kog dem i cirka 4 minutter på hver side, så de er gyldenbrune og væsken er fordampet.

2. Rist dine brødskiver.
3. Skær tomaterne i skiver og hak salaten lidt.
4. For at samle dine clubsandwicher: Skift skiver sandwichbrød fordelt med sennep og vegansk mayo, tomater, salat, skåret vegansk ost og skiver af grillet tofu. Skær sandwichene i kvarte.

27. KIKERTUN - SANDWICH

Ingredienser

- 1 dåse mellemstore kikærter
- 4 spsk. spiseskefulde købt eller hjemmelavet vegansk mayonnaise
- 1/2 spidskål eller skalotteløg
- 1 sektion selleri
- 1 håndfuld frisk purløg
- 1 spsk. 1/2 tsk fiskertang
- salt, peber, muskatnød
- årstidens grøntsager
- 1/2 baguette

Forberedelse

1. Knus dine kikærter groft med en gaffel: Målet er ikke at have mos.

2. Skær sellerien og dine grøntsager i tynde skiver: de vil bringe friskhed til sandwichen. Alt efter sæson, tomater eller lidt rødkål!

3. Vend kikærterne sammen med mayonnaise, tang, salt, peber og muskatnød og fiskersalaten (det er valgfrit, men giver en marin smag til blandingen). Sæt i køleskabet i mindst en halv time, så blandingen er meget kølig.

4. Skær en smuk tradition i to, fordel med mayonnaise og pynt!

28. SUND VEGANSK SANDW ICHE

Ingrediens

- 300 g ung jackfrugt, almindelig eller i lage
- 1 løg
- 1-2 fed hvidløg
- 1/2 tern grøntsagsfond
- 1/2 tsk stødt spidskommen
- 1/2 tsk røget paprikapulver
- Barbecuesauce (ca. 80-100 ml)
- 1 spsk uraffineret rørsukker
- Olivenolie
- Salt, peber
- 2 ruller
- Rucola eller salatblade

- Hjemmelavet yoghurtsauce (grøntsagsyoghurt + sennep + urter)
- eller vegansk mayonnaise

Forberedelse

1. Skyl dine stykker jackfruit omhyggeligt (især i tilfælde af en dåse i saltlage) og dræn dem godt. Du kan begynde at mose dem med en gaffel for at adskille de blødere fibre.
2. Varm lidt olivenolie op i en stegepande, og svits derefter det hakkede løg og hvidløg i et øjeblik.
3. Hæld jackfrugtstykkerne i, drys med paprika og spidskommen, og steg i et par minutter for at beklæde stykkerne godt og begynde at brune dem let.
4. Tilsæt 1/2 bouillonterning og en meget lille mængde vand, bland godt. Bring det i kog og lad det simre i et par minutter, mens der røres af og til, så væsken reduceres. Nu hvor stykkerne er blødere, kan du mose det hele sammen igen med en gaffel for en mere flosset effekt.
5. Til sidst tilsættes sukkeret og barbecuesaucen: Bland godt for at dække det hele og lad det simre igen i ca. 15

minutter, mens der røres jævnligt for at begrænse hele tilberedningen.

6. Når tilberedningen er færdig, serverer du din pulled jackfruit i ruller toppet med rucola med lidt yoghurtsauce eller mayonnaise og eventuelt ledsaget af sauterede kartofler. Den er klar!

29. KLUB SANDWICH SOM EN TUNAMAYO! [VEGETAR]

Ingredienser:

- 1 lille dåse hvide bønner eller kikærter (250 g drænet)
- 2 spsk mayonnaise
- 1 tsk sennep
- 1 skalotteløg, hakket
- 1 spiseskefuld citronsaft
- 1 tsk hakkede kapers (valgfrit)
- 1 tsk hakket dild (valgfrit)
- 1 tsk amerikansk pickles, skåret i små stykker (valgfrit)

- Salt, peber, chili
- Rå grøntsager (salat, tomat, spirede frø, revet gulerødder, agurk...)
- 4 skiver fuldkornsbrød

Forberedelse

1. Skyl og afdryp de hvide bønner/kikærter.
2. Mos dem med en gaffel eller kartoffelmoser, efterlad stykker.
3. Bland alle ingredienserne i: mayonnaise, sennep, skalotteløg, citronsaft, kapers, dild, pickles...
4. Smag til og juster eventuelt krydringen med salt, peber og chili.
5. Rist brødskiverne.
6. Saml sandwichene med de rå grøntsager!
7. Du kan forberede blandingen på forhånd, det bliver kun bedre, du skal bare samle sandwichen i sidste øjeblik.

30. TOMAT- OG AGUKER-SANDWICHKAGE MED BASILIKUM

Ingredienser (til ca. 6 personer)

- 5 svenske brød
- 300 g frisk Philadelphia-type ost
- 300 g fromage blanc
- $\frac{1}{2}$ agurk
- 1 rund tomat
- Cherrytomater (i forskellige farver) og radise til dekoration
- Et lille bundt purløg og basilikum
- Salt og peberkværn

Forberedelse:

1. Bland ostene i en salatskål, salt og peber.
2. Læg halvdelen af tilberedningen i en anden skål for at hakke basilikum.
3. Skær den runde tomat i små tern og den flåede agurk i tynde skiver (med en mandolin er det hurtigt og praktisk).
4. Læg et svensk brød på din serveringsfad, fordel med ost og basilikum, arranger halvdelen af de hakkede tomater.
5. Gentag lagdelingen af brød, ost, agurkeskiver og så videre bortset fra det sidste brød.
6. Når de forskellige lag er dannet, dækkes sandwichen helt med den anden salatskål med ost (uden basilikum).
7. Pynt toppen med cherrytomater, radiseskiver og små basilikumblade og

dæk kanten med purløg (dette er den længste).

8. Opbevar i køleskabet.
9. Det er bedre ikke at forberede det dagen før for at lægge brødene i blød.

31. KYLLING OG POM-POM-SANDWICH MED SENNEPSSAUC (VEGAN)

Ingrediens

- 1 nøddebolle
- 2 salatblade (salat)
- Sennepssauce
- 1 grøntsagspaneret kyllingefilet - 100 gr (Viana)
- 2 skiver vegetabilsk ost (Cheddar - Tofutti)
- Tændstik fritter
- Salt, peber (efter smag)

Til sennepssaucen (ca. 25 cl):

- 20 cl vegetabilsk madlavningsfløde (havre, soja, ris)

- 1 spsk kartoffelstivelse
- 2 spiseskefulde sennep
- Salt, peber (efter smag)
- 1/2 tsk karrypulver
- 1 tsk hvidvin

Forberedelse

1. Bland grøntsagsfløden med kartoffelstivelse, sennep, salt, peber, karry og hvidvin i en gryde.
2. Sæt gryden på lav varme og bland med en håndpisker, indtil den er tyk. Fjern fra varmen og lad saucen køle helt af for at pynte en kagepose.

Til sandwichen:

1. Kom den panerede kyllingefilet i en gryde med lidt olivenolie, så den er gyldenbrun.
2. Skær brødet i halve.
3. Læg de 2 salatblade på den nederste del af brødet.
4. Dæk salaten med sennepssaucen ved hjælp af konditorposen.
5. Læg herefter den velbrune panerede kyllingefilet, skåret i halve (på tværs).
6. Læg 2 skiver cheddarost på kyllingen.

7. Afslut med meget varme tændstikfries, salt og peber (efter smag), igen sennepssauce og luk sandwichen med den anden del af brødet.

32. SANDWICH MED PANEREDE FISKEFINGRE OG TARTARSAUCE (VEGAN)

Ingrediens

- 1 kornbolle
- 2 spiseskefulde tatarsauce
- 3 panerede grøntsagsfiskestænger
- 1 skive vegetabilsk ost
- 2-3 salatblade (Blonde Oak)

Til tatarsaucen (til 190 gr):

- 1 krukke vegetabilsk mayonnaise
- 1 tsk citronsaft
- 1 spiseskefuld sennep
- 2 spsk finthakket pickles
- 1 spsk hakket kapers
- 1 spsk hakket frisk purløg

- Salt, peber (efter smag)

Forberedelse

1. Bland alle ingredienserne kraftigt sammen med en håndpisker.

Til sandwichen:

2. Kom de panerede fiskefingre i en gryde med lidt olivenolie, så de er gyldenbrune.
3. Skær brødet i halve.
4. Smør bunden af brødet med et lag tatarsauce.
5. Læg de 3 panerede fiskestænger ovenpå.
6. Dæk fisken med en skive ost, med et andet lag tatarsauce.
7. Afslut med et par egeblade og luk sandwichen med den anden del af brødet.

Ingrediens

- 1 lille gluten
- gratis sesam-valmue baguette - 2 små friske knapsvampe
- 1 håndfuld unge skud
- 3 eller 4 kandiserede tomater
- 1 håndfuld pinjekerner
- Hvidløg og fine urter tartimi
- 1 skvæt vegetabilsk mælk

Forberedelse

1. Skær brødet i skiver på langs og kom i en brødrister og lad det køle af.
2. Bland i mellemtiden 1 afrundet spiseskefuld tartimi med et skvæt vegetabilsk mælk og pisk kraftigt for at lave en sauce, der ikke

er for flydende eller for tyk, der sættes til side.

3. Smør brødet med Tartimi, tilsæt de unge skud til halvdelen af brødet og tilsæt lidt sauce.
4. Pensl svampene, fjern stilkene og skær derefter svampene i tynde skiver og læg dem på salaten.
5. Tilsæt saucen på svampene.
6. Hak de kandiserede tomater, tilsæt pinjekernerne, tilsæt resten af saucen.
7. Luk sandwichen og nyd!

34. HUMMUSSALAT TIL VINTERSANDWICH [VEGAN]

Ingrediens

Til hummussalaten

- 35 g kogte kikærter
- 4 spiseskefulde hummus
- 2-3 spsk friskpresset citronsaft (afhængig af din smag/ønskede konsistens)
- 2 små spidskål (friske løg)
- 1 lille gulerod (eller ½ stor)
- 1 tsk sennep
- Fra Espelette
- En knivspids fint salt

Til sandwichen

- 2 skiver sandwichbrød (med korn)
- ½ lille rå rødbeder

- af pickles
- Fra gomasio (valgfrit)
- Cherrytomat (ingen sæson, men jeg kan næsten ikke undvære det!;)

Forberedelse af salaten

1. Rens guleroden (skræl den, hvis den ikke er økologisk) og riv den. Rens spidskålene og hak dem.
2. I en skål blandes alle ingredienserne til hummussalaten sammen. Doser citronsaften efter din smag og den ønskede konsistens. Du kan eventuelt forlænge med lidt vand; så pas på ikke at miste smag og smag for at krydre om nødvendigt

Sandwich samling

1. Rist eventuelt sandwichbrødet med brødristeren. Rens, skræl og riv rødbeden (selv økologisk, jeg synes denne grøntsag er så svær at rengøre godt, at jeg foretrækker at skrælle den).
2. Læg halvdelen af hummussalaten på en skive sandwichbrød. Tilsæt de revet rå rødbeder, pickles. Drys med gomasio. Tilsæt den anden halvdel af hummussalaten.
3. Luk sandwichen med den anden skive sandwichbrød. Prik 2 tandstikkere i begge

ender af sandwichen, skær diagonalt i de to andre ender og plant cherrytomat(erne) på tandstikkerne.

35. AGURKSANDWICH TIL APERITIF

Ingredienser (til omkring femten sandwich)

- 15 skiver hvidt brød
- 1 agurk
- 150 g flødeskum
- Dildflødeost
- Salt, peber

Forberedelse:

1. Læg den piskede ost i en skål med den hakkede dild.
2. Salt, peber og bland godt.
3. Skræl agurken og skær den i stykker på højde med kageudstikkeren.
4. Skær sektionerne på langs i skiver.

5. Lav de ønskede former ved hjælp af en kageudstikker i agurkeskiverne og skiver sandwichbrød (2 former pr. skive).
6. Fordel brødet og læg agurken i midten.
7. Arranger dine sandwich på din præsentationstallerken og stil til side i køleskabet.
8. Agurkesandwich til aperitif
9. Gem brødkrummerne til at lave brødkrummer og kanterne på skiverne til fremstilling af croutoner.

36.   POLARBRØD   OG
GRØNTSAGSLAKSESANDWICHES

Ingrediens

- 1 pakke polarbrød
- 1 krukke Sour Supreme Tofutti frisk fløde
- 1 pakke vegetabilsk laks
- forårsløg (friske fra haven)
- 1 mini agurk (der var faldet fra foden)
- salt peber

forberedelse

1. Smør frisk tofutticreme på dine polarbrødsskiver, det har det særlige ved at være meget tykt, ellers tag de nye

produkter, der findes på markedet med krydderurter og soja.

2. Skær derefter din agurk og løg, og fordel over dine smørepålæg, salt og peber

3. læg dine skiver af vegetabilsk laks på brødet, skær diagonalt og nyd foran din computer (eller dit tv).

4. Nyd dit måltid.

37. MINIBAGUETTER MED FRØ OG KORN

Ingredienser til 8 minibaguetter:

- 1 kg ØKOLOGISK mel med frø og korn
- (hvedemel, rugmel, speltmel, boghvedemel, sesamfrø, hirsefrø, brune hørfrø, solsikkefrø)
- 4 poser tør bagegær á 5 gr. hver
- 3 teskefulde salt
- 500 ml lunkent vand

Forberedelse

1. I en skål, læg de økologiske frø og korn mel og salt og bland.
2. Lav en brønd og kom gæren i midten af den.

3. Hæld det lunkne vand over og bland med en træske i 3 til 4 minutter, indtil dejen danner en homogen kugle.
4. ælt derefter dejen lidt i hånden (det er den del, jeg elsker !!!)
5. læg et rent klæde over bunden af kyllingeskålen og lad dejen hvile i 30 minutter et lunt sted. (Jeg satte min ovn til opvarmning for at holde varm funktion ved 50°C, så var jeg i efter 5 minutter. Så satte jeg min dej til hvile i min lukkede ovn)
6. fold de 4 "hjørner" af din dej tilbage og gentag operationen efter at have lavet 1/4 omgang.
7. vend dejkuglen og lad hæve igen et lunt sted i 45 minutter.
8. Forvarm ovnen til 210°C med en skål vand i.
9. imens skiller du din dej i 8 lige store dejstykker.
10. tag en dej, mel den evt. let og form den i form af en mini-baguette.
11. gentag operationen for hvert dejstykke.
12. læg 4 minibaguetter med frø og korn på en non-stick bageplade og de 4 andre på en 2. bageplade.
13. med spidsen af en keramisk kniv, lav lette indhak i form af seler på hver mini-baguette.

14. Brug en silikonebørste til at fugte hver mini-baguette let.
15. bag den 1. bageplade ved 210°C i 30 minutter.
16. tages ud, så snart den er kogt. Sæt derefter 2. plade i bagning også i 30 minutter ved 210 ° C.

38. LILLE ENGELSK SANDWICH STOLT AF SIN SKANDINAVISKE OPRINDELSE

Ingredienser

- Engelsk sandwichbrød
- agurk
- dild
- vegetarisk kaviar (i IKEA)
- St Hubert halvt salt, eller blødt + 1 knivspids salt

Forberedelse

1. fjern skorpen fra brødet, du vil ikke gøre noget ved det (dine katte burde elske det, ikke? min kom alligevel som fisk i et akvarium ved måltiderne), smør med St Hub, drys med

dild, fordel veggie-kaviaren ovenpå, dæk med skiver af agurk (skåret på langs), læg en skive brød tilbage, alt pålæg også! ovenpå.

39. SÆRLIG VEGETARISK SANDWICH

Ingredienser:

- 6 skiver Harrys bløde 7-korns brød
- 6 æg.
- 10 cl mælk
- Salt peber.
- 2 store gulerødder.
- 1 smuk zucchini.
- 1 løg.
- 30 g smør.
- 2 spsk solsikkeolie.
- 10 kviste purløg.
- 1 pæn tomat.
- 4 skiver emmentaler.

- 3 spiseskefulde sennep efter eget valg.

Forberedelse

1. Vask zucchinien. Skræl gulerødder og løg. Riv gulerødder, zucchini og løg med et groft rivejern.
2. I gryden smeltes smørret med en spiseskefuld olie ved ret høj varme. Tilsæt grøntsagerne, salt og peber og kog under omrøring af og til i 5 til 7 minutter.
3. Pisk imens æggene, tilsæt mælken. Hak purløg. Rør alt sammen. Hæld over grøntsagerne. Kog i omkring 5 til 8 minutter, omrør en eller to gange.

Dressur:

1. Skær tomaten i skiver efter vask.
2. Fordel sennep på 1 side af hver skive brød. På en af skiverne lægges 1 skive Emmental og skiver tomater med et par kviste purløg. Læg den anden skive på den. Læg en portion omelet på denne skive. Tilsæt den sidste skive Emmental og den sidste skive brød (sennepssiden mod indersiden).
3. I en grillpande opvarmes lidt olie. Læg sandwichen og steg den i cirka 5 minutter på hver side.

Ingrediens

- 60 g valnødder
- 80 g cashewnødder
- 50 g kakaopulver
- 50 g revet kokos
- 2 tsk vaniljeekstrakt
- 60 ml agavesirup

Forberedelse

1. Kom alle ingredienserne i foodprocessorskålen og bland, indtil de begynder at blande sig.
2. Form en kugle med dejen og rul den ud med en kagerulle mellem 2 plader bagepapir

3. form kagerne ved hjælp af en udstikker.
4. Opbevar i køleskabet, mens cremen tilberedes.

Kokos-jordbærcreme:

- 1 æske med 400 ml kokosmælk på køl i mindst 1 nat (tag ikke lyset!)
- 1 ti jordbær
- 1 spiseskefuld fruktose

Forberedelse

1. Mos jordbærrene og stil dem til side
2. Saml den faste del af kokosmælken og pisk den med fruktose for at piske den til flødeskum.
3. Når flødeskummet er godt samlet, hæld cirka 80-100 ml jordbærpuré og fortsæt med at piske et øjeblik.
4. Stil jordbærflødeskummet i ti minutter i fryseren (for at lette sammensætningen af sandwichene)
5. Til samlingen af sandwichene skal du give omkring 1 til 2 tsk jordbærcreme pr. portion (selvfølgelig afhænger dette af størrelsen på dine kageudstikkere...). Opbevar dem i fryseren og tag dem ud 1 time før de skal spises.

6. Resten af cremen kan bruges som glasur til cupcakes, frugtdips... Den holder sig 2 til 3 dage i køleskabet.

41. VEGANSK DOBBELT SVAMPE OG SPINATSANDWICH MED KRYDERFREME.

INGREDIENSER

- Skiver sandwichbrød
- 3 håndfulde spinat
- 1 tomat
- 1/2 løg
- 4 håndfulde svampe
- En knivspids salt
- Persille
- Sort peber
- 1 hvidløg
- Olivenolie

Til saucen:

- 1 kop usødet sojamælk + reserve
- 4 teskefulde majsstivelse (kendt som majsstivelse eller fint majsmel).
- 1 hvidløg
- 1 mellemstor kartoffel
- 6 teskefulde ernæringsgær
- 3 tsk hvidløgspulver
- 1 lang skvæt citron
- En knivspids salt
- Timian
- Oregano
- Sort peber

Forberedelse

1. Vi starter med at forberede saucen. For at gøre dette, opvarm en stråle olivenolie over middel varme i en gryde og tilsæt et af hvidløgene, pillet og skåret i halve.
2. Når hvidløget er stegt på begge sider, tilsæt koppen sojamælk, de 3 teskefulde hvidløgspulver og lad det stå til det begynder at koge.
3. Imens skræller og skærer vi en mellemstor kartoffel i små stykker. Kog endnu en lille gryde op med vand og bring det i kog, læg kartoffelstykkerne indeni og kog indtil de er møre.

4. Tilsæt 6 teskefulde ernæringsgær (eller mere), en knivspids salt, timian, generøs oregano og et langt skvæt citron i den anden gryde.

5. Nu tager vi de 4 teskefulde majsstivelse og tilsætter dem meget lidt efter lidt - bedre hvis vi sigter det.

6. Vi sænker varmen til middel-lav effekt, tilsætter masser af peber og rør hurtigt med et par stænger for at forhindre klumper i at danne sig. Hurtigt, for det tykner i løbet af få minutter.

7. Det, der vil give vores sauce cremethed, er majsstivelsen, som når den blandes med den varme vegetabilske mælk vil skabe en lidt tyk creme. Du kan kompensere for tætheden ved at tilføje mere stivelse eller mere vegetabilsk mælk.

8. Når saucen begynder at tykne, slukker vi for varmen.

9. Tilsæt kartoflen og mos den med selve stængerne. Vi bliver ved med at røre. Du kan altid bruge en håndmixer til at rette klumper.

10. Vi reserverer cremen og går efter fyldet.

11. Tag svampene og det resterende hvidløg, skær dem i skiver og kom dem i en

stegepande med et skvæt olivenolie, sort peber og persille. Vi sauter dem, indtil de er gyldenbrune.

12. Nu er der to muligheder. Hvis du som jeg vil lave dobbeltsandwichen adskilt af smag, så fjern svampene, når de er gyldenbrune, gem dem og sauter derefter løg og spinat hver for sig. Eller vi springer det hele over sammen, det kommer til at smage.

13. Når vi har alle grøntsagerne ristet, blander vi dem med saucen (igen hver for sig eller sammen).

14. Hvis saucen, efter at have hvilet, er meget tyk, tilsæt lidt vegetabilsk mælk og varm op i et halvt minut, så den genvinder sin cremethed.

15. Nu skal vi riste brødet på begge sider. Derefter fylder vi den med cremen, og tilføjer endnu en lille peber, næringsgær og salt ovenpå. Vi dækker med et par tomatskiver og lukker med endnu en skive brød.

16. Vi lægger endnu et lag fyld ovenpå og lukker med den tredje og sidste skive brød.

17. Server den dobbelte veganske sandwich friskristet, lun og med den cremede sauce.

42. KIKÆRTER OG AVOCADO-PASTASANDWICH

INGREDIENSER

- 8 skiver fuldkornsspeltbrød
- 200 g BIO kikærter (allerede kogte)
- 1 avocado
- Et par korianderblade
- 1 skvæt citron
- 2 spsk olivenolie
- Salt og peber
- Grønne blade, tomatskiver og lucernespirer

Forberedelse

1. For at forberede kikærter og avocadopasta, læg kikærter og avocado i en skål og mos dem med en gaffel. Tilsæt citron, salt, peber, olivenolie og finthakkede korianderblade og bland godt.
2. Saml sandwichene ved først at lægge pastaen i lag, derefter nogle tomatskiver og nogle grønne blade og til sidst nogle lucernespirer.

43. RØDEHUMMUS-SANDWICH
Ingredienser

- 8 skiver fuldkornsspeltbrød
- Roehummus (se opskrift her)
- Rødkål, julieneret
- Grønne blade

Forberedelse

1. Vi tilbereder roehummusen efter opskriften, som Gloria delte med os for et par måneder siden.
2. Saml sandwichene ved at lægge et første lag rødbedehummus og fortsæt med rødkålen skåret i fine julienne-strimler. Vi ender med nogle grønne blade.

44. TOFU BACON SANDWICH

INGREDIENSER

- 8 skiver fuldkornsspeltbrød
- 4 teskefulde økologisk sennep
- 250 g fast tofu
- 2 spsk BIO Tamari sojasovs
- 1 tsk paprika fra La Vera
- $\frac{1}{2}$ tsk hvidløgspulver
- Olivenolie
- 1 tomat
- Grønne blade

Forberedelse

1. For at lave tofu-bacon deler vi blokken i tre dele og skærer hver i tynde skiver (ca. 3 mm tykke). På den måde får vi strimler, der ligner baconformen.

2. Vi lægger strimlerne i en gryde (hvis de ikke alle passer, gør vi det flere gange ved at dele mængden af krydderier og tamari) med et skvæt olivenolie og hvidløgspulver.

3. Vi bruner godt på begge sider, og pas på ikke at brænde dem. Når de er gyldenbrune, tilsæt paprika og tamari og steg videre ved svag varme i 1 minut mere på hver side.

4. Saml sandwichene ved først at smøre en teskefuld sennep på det snittede brød . Derefter lægger vi nogle skiver af tofubaconen og til sidst tomatskiverne og de valgte grønne blade.

45. VEGAN SANDWICH MED AVOCADO, ARUGULA, TOMAT OG HINDBÆRMAYO

Ingredienser (til to veganske sandwich)

- Sandwichbrød (jeg anbefaler især sandwichbrødet med lidt krumme)
- Avocado
- Tomat
- Frisk rucola
- Løg
- Olivenolie
- Til hindbærmayonnaisen (uden æg):

* Hindbærmayonnaisen holder dig til omkring 6 sandwich. Den holder sig perfekt i flere dage i køleskabet, men bedre hvis du opbevarer den i en lufttæt beholder.

- 1/4 kop sojamælk (Ideelt set er sojamælk usødet. Jeg bruger den mere neutrale version (hvid mursten) af Mercadona).
- En halv kop solsikkeolie
- en knivspids salt
- Et skvæt citron
- En håndfuld friske hindbær
- Vi skal bruge en håndmixer.

Forberedelse

1. Det første skridt vil være at forberede hindbærmayonnaisen. For at gøre dette blander vi i en dyb beholder sojamælk, solsikkeolie, en knivspids salt og knuser.
2. Den bedste måde at slå en mayonnaise på er at nedsænke håndmixeren hele vejen, og blende blandingen op og ned lidt efter lidt. Bare rolig, det er meget nemt.
3. Tilsæt derefter et stænk citron og hindbær, og blend igen.
4. Vi fortsætter med at skære avocadoen og tomaten i skiver og reserverer.
5. Dernæst sætter vi brødet til at riste og efterlader det, indtil det er let brunet.
6. Imens skærer vi løget i ringe og bruner dem i gryden. For at gøre dette smører vi panden

med lidt olivenolie, og når olien er varm, bruner vi ringene i 2 eller 3 minutter over medium-høj varme. De skal bare hente lidt farve.

7. Nu vælger vi nogle rucolablade.

8. Når brødet er ristet, fordeles det rigeligt med hindbærmayonnaisen.

9. Derefter lægger vi rucolablade i bunden, tomatskiver, avocado, nogle løgringe og afslutter toppen af sandwichen med endnu en lille sauce. Vi lukker og går!

46. SANDWICH BLT

Ingredienser

Til bacon:

- 150 gr tofu (tidligere drænet)
- 1 spsk vegansk Worcestershire sauce
- 2 spsk ahornsirup
- 1/2 spsk sojasovs
- 1 spsk kokosolie

Til sandwichen:

- 4 skiver snittet brød
- 1 tomat i skiver
- fransk salat
- Vegansk mayonnaise

Forberedelse

1. Skær tofuen (tidligere drænet) i 8 strimler.
2. Tilsæt Worcestershire sauce, ahornsirup og sojasauce i en stor skål. Bland godt. Tilsæt tofustrimlerne og mariner i 15 minutter.
3. Læg kokosolien på en aluminiumsbakke og lak godt.
4. Læg tofu-strimlerne ovenpå og bag dem ved 350° i 25 minutter. Bag ved 400° i 5 minutter og sluk. Fjern fra ovnen.
5. Læg vegansk mayonnaise på hvert brød, tilsæt tomat, salat og 4 strimler bacon pr. sandwich.

47. VEGANSK PANEREDE SANDWICHES

INGREDIENSER (2 SANDWICHES)

- 4 skiver vegansk pølse (type kalkun, skinke...)
- 4 skiver vegansk ost
- 4 skiver snittet brød
- 3 spiseskefulde mel til belægning uden æg (type "Yolanda mel")
- 1 glas vand
- Olivenolie

FORBEREDELSE

1. Vi starter som i livets blandede sandwich, og lægger skiverne af ost og vegansk pølse på en skive brød og sørger for, at de ikke stikker ud. Vi dækker med en anden skive og skærer i halve og efterlader to trekanter.

Det samme gør vi med den anden veganske sandwich.

2. For at forberede dejen, bland det varme vand med melet i en dyb tallerken og rør med et par stænger, indtil der ikke er klumper. Det skal have en tekstur svarende til æggets. Jo tættere vi laver denne blanding, jo tykkere og sprødere bliver dejen på vores sandwich, så afhængigt af din smag kan du tilføje lidt mere mel.

3. Hvis du ikke har specielt mel til dej, kan du bruge en anden type mel og lave den samme blanding, men tilsæt en knivspids gurkemeje for at give lidt farve.

4. Vi putter en finger olie i en pande og steger forsigtigt vores sandwichtrekanter på begge sider, indtil de er gyldenbrune. Fjern på en tallerken med køkkenpapir for at fjerne overskydende olie.

5. Det bedste er at nyde dem varme, så...

48. PORTOBELLO SVAMPE SANDWICH OG KARAMELISERET LØG

Ingredienser

- 1 hvidløg skåret i skiver
- 2 spsk olivenolie
- 1½ spsk ahornsirup
- 1 knivspids salt
- 4 store portobellosvampe
- 2 spsk Worcestershire sauce
- ½ kop revet vegansk ost
- Til din tjeneste:
- Baguette brød
- pommes frites

Forberedelse

1. Sæt en stor stegepande over høj varme, tilsæt olien, når den er varm, tilsæt snittet

løg og steg i 2 minutter under omrøring godt. Tilsæt ahorn, bland og dæk gryden. Kog i 4 minutter ved middel varme eller indtil løget er gennemsigtigt.

2. Skær portobellosvampene i strimler eller "fileter", tilsæt dem i gryden sammen med løget og tilsæt Worcestershire-sauce. Hæv varmen til maksimal effekt og kog, rør godt i 5 minutter.

3. Når kanterne på svampene begynder at blive brune, tilsættes den veganske ost og røres ved middel varme. Juster saltpunktet og fjern fra varmen.

4. Server på baguette-brød, der tidligere er ristet eller opvarmet i gryden. Kom med pommes frites.

49. SANDWICH MED HIRSEBRØD

Ingredienser til 2 personer:

- 1 glas hirse
- 1 hakket løg
- en knivspids gurkemeje
- havsalt
- olivenolie
- 3 glas vand

Til fyldet:

- 1 blok røget tofu skåret i skiver (marineret med sojasovs og aromatiske urter, hvis vi vil)
- spirede
- 2 radiser
- blandet salat

- ristede sesamfrø
- at smøre: noget vegetabilsk paté eller nøddesmør emulgeret med varmt vand

Forberedelse:

1. Varm olie op i en gryde, tilsæt løg og en knivspids salt, kog i 10-12 minutter. Vask hirsen og kom den i gryden sammen med 3 glas vand, et nip gurkemeje og endnu et nip salt, bring det i kog, reducer til et minimum og dæk hårdt
2. Lav den grillede tofu.
3. Skær et stykke hirse med en rektangulær til firkantet form, fordel det med grøntsagspostej eller nøddesmør, tilsæt diverse salater, de fintsnittede radiser, en skive tofu, mere salat og et par spirer, endnu en skive, skær endnu et stykke hirse af samme størrelse og fordel det med hvad vi vil og læg det på hovedet for at dække sandwichen. Pynt med ristede sesamfrø på toppen.

50. TOMAT BASILIKUMSSANDWICH

Ingredienser

- 2 - 3 tomater skåret på langs
- 1 generøst knivspids salt
- 1 spsk olivenolie
- 1 - 2 tørrede italienske krydderurter
- 1 skvæt balsamicoeddike
- 2 skiver brød
- Vegansk flødeost
- 4 - 5 basilikumblade
- Sort peber

Forberedelse

1. Varm en stegepande op ved middel varme med olie og krydderurter. Når de er varme, tilsættes tomaterne i et enkelt lag.
2. Tilsæt salt. Når de er møre, tilsætter du et skvæt balsamico, mens du ryster gryden.
3. Sluk for ilden. Denne proces bør kun tage et par minutter.
4. Smør brødet med osten, tilsæt hakket basilikum og kværnet peber.
5. Læg tomaterne ovenpå.
6. Grill sandwichen eller bare rist brødet først, og tilsæt derefter tomater og ost.

51. NOPAL SANDWICH

Ingredienser

- 2 skiver fuldkornsbrød
- 2 spsk refried beans
- 2 salatblade
- 2 små nopaler
- 100 g sojaost
- Salt og peber efter smag
- 1 tsk. eddike

Forberedelse

1. Rist de 2 nopaler med salt og peber efter smag i 5 minutter og gratinér osten ovenpå nopalen.
2. rist de 2 skiver brød.

3. Når brødet er ristet fordeles de 2 teskefulde bønner
4. Tilsæt nopales med ost, salaten, avocadoen, tomaten til brødet og tilsæt et lille strejf af eddike.
5. skær sandwichen i halve.

52. RÅSANDWICH MED AVOCADO ALI-OLI

Ingredienser til 2 personer:

- 1 avocado
- 1/2 fed hvidløg
- 1 tsk umeboshi pasta
- 1/2 citron
- 2 gulerødder, revet
- spirede
- forskellige typer grønne blade (lammesalat, rucola..)

Til "brød":

- 1/2 glas sesamfrø
- 1/2 kop græskarkerner
- 1 stor gulerod, fint revet

- 2 spsk tørrede løggranulat
- 2 spsk tørret basilikum

Særlige køkkenredskaber:

- Dehydrator (eller tør i solen, eller bag ved en minimumstemperatur med blæseren og med lågen let åben for at cirkulere luften)

Forberedelse:

1. Aftenen før brødet skal laves:
2. knus alle ingredienserne, tilsæt lidt vand, indtil vi har en håndterbar tekstur, fordel det på en paraflexx-plade eller på bagepapir (læg 3 lag), og dehydrer ved 105°F i 8 timer. Ved afslutningen af denne tid skal du vende den og tørre yderligere 1 time uden papiret eller folien.
3. Lav avocado ali-oli: Pres 1/2 citron og mos den med avocado, hvidløg og umeboshi pasta.
4. Smør brødet med ali-oli, og fyld med revet gulerod, de grønne blade og spirerne.

53. SANDWICH EKSTRA

Ingredienser

- 1 franskbrød
- 400 gram søde cherrytomater
- 1 mellemstor aubergine
- 1 bundt basilikum, hakket
- 2 skiver vegansk ost-tofutti- (valgfrit)
- Olivenolie
- Salt
- Peber

Forberedelse

1. Forvarm ovnen.
2. Skær tomaterne i halve og læg dem med siden opad i et ovnfast fad.

3. Drys med en generøs knivspids salt og 2-3 spsk olivenolie.
4. Bag i 70-80 minutter i en lav ovn.
5. Skræl auberginen og skær den i skiver.
6. Drys med en generøs knivspids salt og 1/2 kop olivenolie.
7. Bag (lav) i 35-45 minutter, indtil auberginen er blød og gylden.
8. Skær brødet i to lige store dele.
9. Gnid brødet med olivenolie og tilsæt grøntsagerne.
10. Bages indtil brødet er sprødt og "osten" smelter.
11. Sæt de 2 brødhalvdele sammen for at danne sandwichen.

54. TOFU-SANDWICH MED MAYONNAISE OG FRISKE URTER

Ingredienser

- 1 medium blok tofu (nok til sandwichen)
- 1/4 vegansk mayonnaise
- 1 spsk sennep
- Finhakket selleri efter smag
- 1 tsk citronsaft
- Friske krydderurter efter smag
- Salt efter smag
- Peber efter smag
- Alfalfa
- Hvidt eller fuldkornsbrød i skiver (vegansk!, tjek mærkningen)

Forberedelse

1. Til denne udsøgte opskrift på vegetarisk køkken vil vi starte med at tage tofuen og smuldre den, derefter blander vi dem i en beholder med den veganske mayonnaise, sennep, hakket selleri, citron, friske krydderurter, peber og salt efter smag. Vi rører meget godt for at skabe en meget tyk pasta.

2. Når vi er klar, smører vi bare brødet med denne pasta og ovenpå lægger vi lidt frisk lucerne.

55. VEGETARISK SANDWICH MED GRÆSKARMAYONNAISE

Ingredienser

- 1 mellemstor aubergine
- 1 mellemstor zucchini squash
- 4 skiver græskar
- Grøntsagsbouillon i pulverform
- Vegansk ost
- Salt c/n
- Olie c/n
- Vand c/n

Forberedelse

Græskarmayonnaise:

1. I en gryde placerer vi græskaret skåret i tern jævnt

2. Vi lægger vand til at dække terningerne, drys med den pulveriserede grøntsagsbouillon og lad koge, indtil ternene er kogte.
3. Når det er kogt, tages det af varmen (der bør ikke være vand tilbage, da det forbruges under tilberedningen), læg terningerne i en skål, tilsæt yoghurten og bearbejd.
4. Korrigér salt og peber evt.

Til sandwichfyldet:

1. Fileter aubergine og zucchini og grill dem.
2. Vælg et lavt brød med lidt krumme, men langt.
3. Smør den med mayonnaisen og fyld.
4. Du kan tilføje spirer, avocado-både og salatblade.

56. AUGBLANTERPATESANDWICH

Ingredienser

- 4 skiver fuldkornsbrød
- Tahini
- Oliven
- Hvidløg og citronsaft
- Olivenolie og salt

Forberedelse

1. Auberginerne bages i 20 minutter.
2. De skrælles og knuses med citronsaft, hvidløg, tahin og olie, krydres efter smag.
3. Skiverne fordeles med denne paté, skæres i to, rulles sammen og pyntes med oliven.

57. SANDWICH MED TOFU

Ingredienser

- 1/4 kilo fast tofu
- Olivenolie
- En moden tomat
- Pande
- En avocado
- 6 tsk hvidløgspulver
- 6 tsk løgpulver
- 1/2 tsk salt
- 1 tsk sort peber
- 1 tsk spidskommen
- 1 tsk rød peber
- Salat

Forberedelse

1. Før tofuen gennem olivenolien og derefter gennem krydderiblandingen.
2. Steg i lidt olivenolie ved høj varme til de er gyldenbrune. Saml sandwichen ved at skære brødet i to og fylde det med salat, tomat, avocado og tofu.

58. QUINOA OG SVAMPESANDWICH

Ingredienser til 2 personer:

- 1 gryde quinoa
- 1 løg skåret i halve måner
- en knivspids gurkemeje
- havsalt
- 2 glas vand
- 1 fed hvidløg, hakket
- 1 fintrevet gulerod
- 7 svampe
- ristede pinjekerner
- olivenolie
- sojasovs (tamari)

Forberedelse:

1. Vask quinoaen, varm lidt olie op i en gryde og brun det hakkede hvidløg, tilsæt quinoaen og rist i 2 minutter. Tilsæt derefter de 2 glas vand, en knivspids salt og gurkemeje, bring i kog, sænk til et minimum og dæk i 20 minutter.

2. Læg i en stor skål til afkøling og tilsæt revet gulerod. Læg den fladt på en tallerken (for senere at kunne skære).

3. Svits løget med lidt olivenolie og salt i 10 minutter, tilsæt svampene og et skvæt sojasovs, svits indtil væsken fordamper, tilsæt et par pinjekerner og blend.

4. Form som en sandwich med et lag quinoa, champignonpuréen og en anden quinoa. Pynt med svampe og pinjekerner.

59. SARGET TOFU-SANDWICH

INGREDIENSER

- 2 skiver Thins 8 korn
- ½ blok fast tofu
- 1 tsk æblekoncentrat
- 2 tsk tamari eller sojasovs
- 1 cm frisk ingefærrod
- 75 gr. cashewnødder (udblødt i 2 timer)
- Saften af en halv citron
- 1 dynger spsk ølgær
- Purløg, hakket efter smag
- Nogle røde salatblade
- Skal
- Vand

FORBEREDELSE

1. For at braisere tofuen skærer vi den først i store, tynde fileter og steger den på panden med lidt olie, indtil den er gyldenbrun på begge sider. På den anden side skræller vi ingefæren og river den. Vi tilføjer det til gryden sammen med tamarisaucen (eller sojasovsen) og æblekoncentratet. Vi tilføjer også vand for at dække tofuen. Lad koge ved lav-middel varme, indtil væsken er opbrugt.

2. For at forberede cremefraiche knuser vi cashewnødder (tidligere udblødt i to timer), med ølgær, citronsaft og lidt vand. Når vi har de godt knuste cashewnødder, tilsætter vi vand lidt efter lidt, indtil vi får en creme, mere eller mindre tyk, alt efter smag, og tilsætter salt. Vi vil sætte et strejf til vores creme fraiche ved at tilføje lidt purløg.

3. Vi samler vores tynde sandwich og arrangerer en bund af røde salatblade, de braiserede tofufileter og creme fraiche.

60. GRØNTSAGS-SANDWICH

Ingredienser:

- 2 gulerødder
- 4 spsk sukkermajs
- 1/2 zucchini
- 3 radiser
- et par kål eller kål
- blade
- et par batavia-salatblade
- 1 kop frisk lammesalat
- 2 tomater
- kværnet sort peber
- salt efter smag
- 8 skiver skiveskåret brød eller sandwichbrød

- Til veganesa (grøntsagsmayonnaise):
- 50 ml sojamælk (ikke sød)
- 150 ml solsikkeolie
- 1 spiseskefuld æblecidereddike
- 1/2 tsk sennep
- 1/4 af et fed hvidløg (uden nerve)
- Salt efter smag

Forberedelse

1. Læg brødskiverne til at riste i brødristeren eller i en flad nonstick-gryde, i omgange, mens vi laver fyldet.

2. Vask alle grøntsagerne godt. Julienne (i hånden eller med en mandolin, eller hvis du ikke har en, server med et rivejern med store huller) gulerødder, zucchini, kål og radiser, bland dem med majs, drys det hele med en knivspids salt (mindre end 1/4 tsk) og kom det i en skål på sugende køkkenpapir.

3. Til gengæld skærer du tomaterne i tynde skiver, og salaten i mellemstore stykker.

4. For at gøre det veganske, læg sojamælk og sennep i en høj beholder, der er lidt bredere end armen på røremaskinen (eller brug en blender) og tilsæt olien gradvist ved at piske ved medium hastighed. af solsikke, forsøger i begyndelsen ikke at flytte mixeren, indtil den emulgerer. Bliv ved med at piske og

tilsæt olien, og tilsæt derefter resten af ingredienserne til veganerne. Smag til og tilsæt eventuelt salt.

5. Fjern køkkenpapiret fra ingredienserne, som vi har skåret i julienne, og bland dem med det veganske. Hermed har vi allerede vores sandwichfyld.

6. For at samle hver sandwich lægger vi nogle stykker salat på en skive friskristet brød, derefter nogle tomatskiver, drysser med sort peber og fortsætter med et par spiseskefulde fyld og afslutter med mere salat, lammesalat og endnu en skive af brød.

61. TOFU OG MISO-SANDWICH

Ingredienser

- 2 spsk rød miso
- 2 spsk citronsaft
- 2 spsk sukker
- 2 spsk tamari eller sojasovs
- 1 spsk næringsgær
- 1/4 tsk flydende røg
- 1 pakke fast tofu drænet

Forberedelse

1. Forvarm ovnen.

2. Pak tofuen (allerede drænet) ind i nogle køkkenrulle og læg noget tungt ovenpå i 10-20 minutter.
3. Pak tofuen ud og skær den i tynde skiver.
4. Kom marinaden i en skål og lad den hvile i 10 minutter. Bages i 20 minutter.
5. Fjern fra ovnen og lad afkøle.
6. Til marinaden blandes miso, citron, sukker, tamari, gær og røg sammen.
7. Lav sandwichen med toast, spinatblade og vegansk mayonnaise.

62. VILDE ASPARGS OG SVAMPESANDWICH

Ingredienser

- 4 små skiver brød
- 5 grønne asparges
- 6 små svampe
- 2 skiver løg
- 2 californiske blommer, udstenede
- Hvid peber
- Olie
- Vand
- Salt

Forberedelse

1. Tilsæt en teskefuld olie i en lille stegepande og varm op. når det er varmt tilsæt aspargesene og krydr dem. Sauter dem i cirka 3 minutter ved høj varme med låg i gryden (så det ikke sprøjter).

2. Læg en skive snittet brød på en tallerken og læg aspargesene godt afstemt ovenpå. dæk dem med endnu en skive brød.

3. Tilsæt endnu en teskefuld olie i samme gryde, opvarm og læg svampene sammen med deres tidligere adskilte stilk. et nip salt, læg låg på og ved høj varme i yderligere 3 minutter, rør af og til, så de er færdige på begge sider. læg dem på brødskiven, danner en anden etage og dæk dem med endnu en skive brød.

4. Vi vender tilbage til gryden og lægger løgskiverne med en dråbe olie og salt. høj varme og læg låg på i et minut. Når det er gyldenbrunt tilsættes de 2 blommer, skåret i små stykker sammen med en skvæt vand (ca. 3 spsk). Vi sætter over høj varme og rør, indtil vandet fordamper.

5. Vi fordeler denne blanding over den forrige skive brød for at danne en tredje etage. Dæk med en anden skive, knus det hele lidt

med hånden og tag hele sandwichen på panden for at riste brødet lidt, uden olie eller fedt, for det er ikke nødvendigt. vi vender os til toast på den anden side.

6. Vi lægger det på en tallerken og skærer det i halve for at spise mere behageligt.

63. SANDWICH MED AGURKER, GULERØDDER OG SPINAT.

Ingredienser

- 2 hvede tortillas (bruges til at lave mexicanske tacos)
- 1/2 kop hummus
- 1 lille agurk, meget tynde skiver (ca. 1/2 kop)
- 1 gulerod, revet (ca. 1/3 kop)
- 1 og 1/2 spsk tamari (eller sojasovs)
- 1 og 1/2 spsk riseddike
- Sort peber
- 2 håndfulde babyspinat
- Tabasco valgfri

Forberedelse

1. Bland agurken med guleroden.
2. Tilsæt tamari og riseddike og rør rundt.
3. Lad marinere i 5-10 minutter (eller mere, hvis det ønskes).
4. Varm tortillaerne op (den kan være i mikroovnen et par sekunder med køkkenrulle under eller i en gryde).
5. Fordel tortillaerne med hummus, 3-4 spsk hver, og sørg for at dække hele overfladen.
6. Dette vil hjælpe sandwichen holde sig.
7. Læg agurker i lag, derefter gulerødder, og drys frisk peber på toppen.
8. Læg et lag babyspinat på.
9. Rul dem sammen og varm dem på en bageplade for at skabe de gyldne mærker.
10. Server og spis med det samme.

64. VEGAN TOFU-SANDWICH

Ingredienser

- Tofu fast
- Brød (form)
- Friske tomater
- Abrikos eller romainesalat
- Sojasovs
- Koriander
- Oliven eller raps accepteres

Forberedelse

1. Først og fremmest skal du skære tofuen i skiver og fjerne overskydende valle.
2. Vi opvarmer en slip-let stegepande med lidt olivenolie. Læg tofuen og pynt med

korianderen, lad den brune lidt til den får en fastere konsistens og en lækker gylden farve på begge sider. Vi tilføjer lidt sojasovs for at give den mere farve og smag. Vi venter på, at al den tilsatte sauce er fordampet og sætter på lav varme.

3. Imens forbereder vi brødet, hvis du vil med lidt vegansk mayonnaise eller alene.

4. Vi tilføjer den allerede kogte tofu sammen med den snittede tomat , romainesalaten i stykker. Du kan også tilføje lidt jomfrusennep, og det bliver totalt lækkert!

65. VEGAN TAKE AWAY SANDWICH

Ingredienser:

- 1 eller 2 dåse piquillo peberfrugter.
- 1 spidskål skåret i ret tykke skiver (4 skiver)
- Et stykke groft skåret zucchini.
- Salat
- i skiver .
- Salt og olivenolie
- En almindelig (vegansk) sojayoghurt
- Mayonnaise uden æg)

Forberedelse

1. Vi lægger den afskårne purløg og zucchinien
   på en tallerken. Vi tilføjer salt efter smag
   og et skvæt olivenolie. vi sætter dette i

mikrobølgeovnen i 2 minutter ved maksimal effekt. når den er klar, lægger vi den på sandwichen.

2. Vi åbner piquillo-peberne på midten og lægger den på sandwichen sammen med resten af ingredienserne.

66. SANDWICH AF PITABRØD OG SANFAINA

Ingredienser

- 4 fuldkorns pitabrød
- 2 auberginer
- 2 zucchini
- 3 flåede tomater
- 1 rød peberfrugt
- 2 hakkede løg
- 2 fed hvidløg, hakket
- Oliven, persille og peber
- Oregano olivenolie og salt

Forberedelse

1. En beholder med olie opvarmes, hvortil løgene tilsættes.
2. Efter et par minutter tilsættes resten af grøntsagerne med hvidløg, persille og oregano og smages til med salt og peber.
3. Lad blandingen koge i 15 minutter og tilsæt de udstenede sorte oliven.
4. Pitabrødene bages, åbnes og fyldes med den tilberedte gryderet.

67. AVOCADO-SANDWICH

Ingredienser

- 2 skiver (pr. sandwich) brød
- 2 - 3 spsk surkål
- 1/4 avocado (avocado) skåret i skiver
- 1 spsk revet tofu
- 2 - 3 spsk sojamayonnaise
- 1 spsk ketchup
- 2 spsk margarine

Forberedelse

1. Fordel margarinen på brødet og rist.
2. Fordel derefter mayonnaise, ketchup og surkål.
3. Læg derefter den skårne avocado på en enkelt skive brød og drys med tofuen.

4. Smør mere margarine på ydersiden af brødet og
5. Grill indtil sandwichen er gyldenbrun, cirka 3-5 minutter.

68. ZUCCHINI MUTABAL

Ingredienser:

- 2 mellemstore zucchini (700 g)
- 3 spiseskefulde hvid tahini
- 2 fed hvidløg
  2 spsk usødet sojayoghurt
- 2 spsk citronsaft
- 4-5 mynte- eller grønmynteblade (valgfrit)
- 1 spsk olivenolie (valgfrit)
- $\frac{1}{4}$ tsk sød paprika (valgfrit)
- $\frac{1}{4}$ tsk salt

Forberedelse

1. Forvarm ovnen til 200°C.
2. Vask zucchini, fjern spidsen (stykket af stilken) og halvér dem på langs. Skær diagonalt ind i zucchinikødet uden at nå skindet (vi vil ikke skære det i bidder, men lave dybe hak for at grille det lidt hurtigere) og drys med lidt salt.
3. Læg zucchinien med forsiden opad (skind på panden) på en bageplade beklædt med bagepapir.
4. Sæt dem i ovnen og lad dem stege i 30-35 minutter, til du kan se, at de er møre. De skal ikke brunes.
5. Tag kødet forsigtigt ud af zucchinien, med en ske, og kom det i blenderglasset (Bemærk: de kan puttes med skind og det hele, men da mine zucchini var meget mørke besluttede jeg mig for ikke at tilføje det). Hvis de brænder meget på, så lad dem køle lidt af.
6. Pil hvidløgsfeddene, halver dem og fjern midterribben. Kom hvidløgene i blenderen med zucchinien og tilsæt salt og tahin. Eventuelt kan du tilføje stødt spidskommen, frisk koriander og sort peber. Pisk den og

tilsæt citronsaft og soyayoghurt lidt efter lidt, så du kan tjekke konsistensen af cremen. Bliv ved med at piske det hele sammen, indtil du får en glat creme, selvom der ikke sker noget, hvis der er stykker tilbage. Smag på det og ret saltet evt. Hvis du synes, at blandingen er for tyk eller tyk, kan du tilføje en eller to spiseskefulde sojayoghurt mere.

7. Du kan servere cremen lun eller kold. Brug olivenolien, myntebladene og paprikaen til at lægge ovenpå lige før servering (det er valgfrit), det vil give den et strejf af meget god smag. Ledsager det med brød (pita, naan (lavet med sojayoghurt og grøntsagsmargarine), chapati, toast osv.) eller med grøntsagsstænger til dypning. Du kan også bruge den til sandwich og sandwich, den passer rigtig godt sammen med naturlig tomat, salat, seitan, gulerod mv.

8. Mutabalen er en fløde- eller grøntsagspostej ligesom babaganoush, den er også lavet med aubergine, men på forskellige måder og med forskellige krydderier. I teorien er den libanesiske mutabal ikke så knust som babaganoushen (der skal være mere som en fin creme) og serveres normalt med

154

granatæblekerner, mens det er babaganoushen, der serveres med olivenolie og paprika. Nå, denne opskrift er en blanding af begge, også lavet med zucchini i stedet for aubergine.

9. Hvis du ikke har eller ikke kan finde naturlig usødet sojayoghurt, kan du bruge en hvilken som helst vegetabilsk flydende fløde til madlavning eller soja, ris, mandelmælk eller hvad du bedst kan lide. Tilsæt det lidt efter lidt for at undgå, at det bliver for flydende, især hvis du bruger mælk uden mælk.

69. VEGAN FRIKBOLDSANDWICH

Ingredienser

Til frikadellerne:

- 2 fed hvidløg
- 2 portobellosvampe
- 2 spsk frisk basilikum (1 gren)
- 1 kop panko
- 1 kop kogt quinoa
- 2 spiseskefulde dehydrerede tomater uden olie
- 1 spsk krydret tomatsauce
- 1 knivspids salt
- Olivenolie

Til sandwichen:

- 2 brød i baguette-stil
- 1/2 kop vegansk ost i mozzarella-stil
- 1/4 tomatsauce
- Frisk basilikum efter smag
- Salt efter smag

Forberedelse

1. Placer 2 fed hvidløg og 2 portobelloer på en grill, der tidligere er belagt med lidt olivenolie. Kog ved høj varme, indtil begge sider er gennemstegte og gyldenbrune.

2. Kom portobellos, hvidløg, basilikum, kogt quinoa, tomatsauce, panko og dehydrerede tomater i en processor og bearbejd i 1 minut eller indtil en dejkonsistens er opnået. Tilføj mere panko, hvis din blanding er fugtig.

3. Form din dej til kugler. Dæk kuglerne med lidt panko.

4. På en stor stegepande og over medium-høj varme, læg lidt olivenolie og tilsæt dine frikadeller, steg til de er gyldenbrune. Tilsæt tomatsauce for at dække frikadellerne. Kog ved middel varme i 4-5 minutter.

5. Beklæd indersiden af baguetten med tomatsauce og mozzarellaost. Tilsæt

frikadellerne og bag dem i 8-10 minutter. Du kan beklæde ydersiden af brødet med lidt olivenolie inden bagning for at brune det.

6. Server med frisk basilikum og tilsæt mere tomatsauce, hvis du har lyst.

70. SNARLIG MIDDAG MED VEGANSK SYLTET SANDWICH

Ingredienser

- 2 portioner
- 3 skiver landbrød
- 4 spsk caserito syltede grøntsager
- 1 glas aguq med is og citron

Forberedelse

1. Skær skiverne af landbrødet og læg det i en kold lage og lav nogle meget veganske og praktiske sandwich.

71. SANDWICHES DE MIGA "LIGHT"

Ingredienser

- Krummebrød (Klid) 10u
- 1 aubergine
- 1 løg
- 1 gulerod
- Salatblade
- 1-2 tomater
- Mayonnaise
- At sautere auberginerne
- 1 stænk olie
- Salt
- Peber
- 2 spsk sennep

Forberedelse

1. Vi skærer auberginen i skiver. Vi sætter i gryden for at koge med lidt olie, sammen med løget (skåret i julienne). Indtil begge er bløde. Smag til med salt og peber. Inden du tager dem ud af ilden, fortsæt med at sautere med lidt sennep. Nu fjerner vi det fra varmen og efterlader det i en skål med et papir, der absorberer olien.
2. Nu river vi guleroden. Vi skærer tomaterne i skiver. Og vi lagde til side, hver enkelt i en anden skål
3. Nu lægger vi en tallerken med krummebrød på bordet og spreder mayonnaise på den. Og ovenpå tilføjer vi aubergine med løg + revet gulerod. Vi tager et andet brød og spreder mayonnaise på det og lukker det. Ovenpå det samme brød smører vi mere mayonnaise. I det lag lægger vi tomat og salat.
4. Som afslutning placerer vi mayonnaise på den ene side af de 3 brødplader og lukker.

72. VEGAN SANGUCHE FRA SEITAN

Ingredienser

- Krydderier
- (Efter smag) Kværnet sort peber (valgfrit)
- 1 spsk provencalsk
- 1/2 tsk fint himalayasalt
- 1 spsk brun farin

Ingredienser

- oliven dråber (til brød, seitan og tomater)
- 2 skiver brød
- Grøntsager
- 1/4 kop grønne løg
- 1/4 kop persille

- Frugt og grøntsager
- 1 tomat
- 1 skive løg
- 1 feta far

Forberedelse

1. Vi skærer en skive af seitanen
2. Vi tilbereder to skiver brød (om muligt fuldkorn) til at riste og en låg, der har: Farin - det provencalske og saltet
3. Snit persillen og det grønne løg meget fint.
4. Skær tomaten i skiver (7 skiver ca.).
5. Skær 1 skive løg.
6. Skær 1 kartoffel skive (vi kan lade skrællen blive på den)

*** Det vigtige er, at kartoflen er godt ristet.

1. Løget er ristet, men ikke så meget ... ****
2. Vi koger kartoflen og lidt senere ceboiaen ❤ .
3. Når de er mere eller mindre fjernes de i en separat tallerken.
4. Vi koger seitanen med et par dråber olivenolie, så den ikke klæber.
5. Vi tilføjer den lille kop med krydderierne...
6. Sukkeret begynder at smelte og opnår en "lille juice".

7. Et par sekunder senere tilføjer vi tomatskiverne.
8. Og når han begynder at frigive sin "Liquid".
9. Tilsæt hakket persille og grønne løg, rør lidt rundt.
10. Dråber af olivenolie, og vi sender kartoflen og løget til at fortsætte madlavningen sammen med forberedelsen. og vi tilføjer kværnet peber efter smag fra tid til anden.
11. Når kartoflen er; Vi fjerner alt fra pladen på en separat tallerken, og uden at slukke for varmen, begynder vi at lave brødet med andre dråber olivenolie...
12. Rundt og rundt, indtil de er ristet og ... voaaalaa maestress
13. Enorm chegusan.

73. VEGANSK SANDWICH

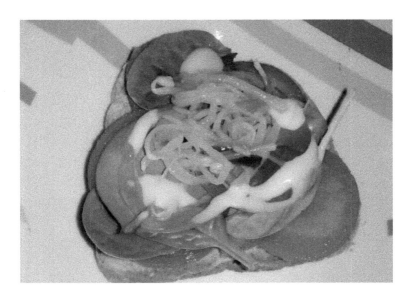

Ingredienser til 1 person

- 1 tomatenhed(e) halvskåret tomat
- 10 gram spinat 4 eller 5 blade
- 1 knivspids bønnespirer efter smag
- 1 knivspids fuldkornsbrød

Forberedelse

1. Skær tomaterne og kom i gryden, kom spinatblade og bønnespirer over.
2. Du kan putte noget grøntsagssauce eller lidt hummus, og det er meget rigt.

74. MEGET NEMT RUGBRØD

Ingredienser til 6 personer

- 1 tsk salt (gennemsnit bedre)
- 1 tsk brun farin eller melasse
- 1 enhed(er) varmt vand
- 300 gram fuld rugmel
- 4 gram bagepulver eller 25 g gær. afkøle

Forberedelse

1. Bland vandet med gær og sukker i en skål og lad det hvile i 5 min.
2. Bland mel og salt.
3. Bland alt uden at ælte og uden kraft (jeg brugte en gaffel) til det er ensartet.

4. Lav med våde hænder en kugle med dejen og lad den hvile i en skål i 3 timer dækket med film.
5. 20 min inden du sætter den i ovnen forvarm den til 180° og sæt herefter kuglen (allerede i en form) i ovnen 50 min i middel lav position og med varme op og ned uden luft. Tag ud og lad afkøle.

75. HVIDLØGSBRØD

Ingredienser til 4 personer

- 1,5 enhed(er) hvidløg
- 2 spsk frisk persille
- 3 spsk margarine
- 125 gram baguette (en baguette)

Forberedelse

1. Tag margarinen ud af køleskabet for at blødgøre den, før du starter opskriften.
2. Kom persille og pillede hvidløg i blenderen til det er fint, tilsæt margarinen og bland igen. Hvis du ikke har en knuser, så hak hvidløget i morteren og bland med den hakkede persille, bland derefter margarinen med en gaffel.

3. Skær brødet diagonalt uden at nå bunden, så det ikke går i stykker og fyld i hvert hul med margarine-, persille- og hvidløgsblandingen.
4. Pak baguetten ind i aluminiumsfolie og bag ved 200°C i 7 minutter.

76. GRØNTSAGT SANDWICH

Ingredienser til 1 person

- 50 gram tomater
- 30 gram salat
- 2 enheder asparges
- 60 gram skiveskåret brød 2 skiver
- 1 spiseskefuld Hacendado laktosefri ægfri sauce

Forberedelse

1. Vi skærer tomaten i skiver, fordeler brødet med saucen og inkluderer de øvrige ingredienser.

77. LET GRØNTSAGT SANDWICH

Ingredienser til 1 person

- 1 knivspids spinat (et par blade)
- 1 spiseskefuld Piquillo peber (båd) (en enhed)
- 1 spsk Hummus
- 50 gram frøbrød

Forberedelse

1. Åbn brødet og fordel hummus efter smag.
2. Åbn en peberfrugt på midten og læg oven på brødet.
3. Læg så nogle spinatblade, luk og: spis!

78. PØLSETYPE PØLSE TIL SANDWICHES

Ingredienser til 6 personer

- 1 tsk hvidløg
- 1 tsk oregano
- 1 spsk persille
- 2 glas vand
- 2 spsk sojasovs (tamari)
- 2 spiseskefulde spidskommen
- 1 glas rasp
- 2 glas hvedegluten
- 1 spsk sprødstegt løg
- 0,5 tsk Paprika de la Vera eller røget paprika

Forberedelse

1. Bland alle de faste ingredienser i en stor skål og bland godt med en ske. - Foren alle væskerne - Hæld væsken over det faste stof og bland godt i et par minutter først med skeen og ælt det derefter. - Lav en rulle med dejen og pak den godt ind i plastfolie, (vi vil give den mange omgange, da denne indpakning vil tjene os senere til at opbevare den i køleskabet). Vi binder det godt i enderne eller med en knude eller med køkkensnor. (Du vil se, at den kun har form som en pølse, rund og aflang) - Med en trætandstikker punkterer du hele rullen flere gange på alle sider, så dejen bliver lavet godt indeni. - Læg vandet i, som vi skal koge i 1 time, og vend det et par gange. - Fjern fra vandet og lad afkøle.

79. SVAMPE, SPINAT OG TOMATSANDWICH.

Ingredienser til 1 person

- 1 enhed(er) revet tomat
- 1 spsk spinat eller efter smag
- 1 knivspids salt
- 1 knivspids hvidløgspulver
- 1 knivspids balsamicoeddike af Modena creme
- 1 tsk ekstra jomfru olivenolie
- 1 glas baguette en bar
- 2 glas frosne champignonrøre, en håndfuld pr. sandwich

Forberedelse

1. Svits svampene med lidt olie, en knivspids hvidløg og salt til vandet er opbrugt.

2. Riv en tomat på brødet.
3. Placer rå spinat efter smag
4. Læg de tidligere sauterede svampe.
5. afslut med et skvæt balsamicoeddike af modena på toppen.
6. luk sandwichen.

80. AREPA DEJ

Ingredienser til 2 personer

- 1 knivspids salt
- 1 glas vand
- 1 spsk olivenolie
- 300 gram forkogt hvidt majsmel

Forberedelse

1. Hæld cirka halvanden kop vand i en skål, tilsæt salt og et skvæt olie, tilsæt gradvist melet, fortynd det i vandet, undgå at danne klumper, ælt med hænderne og tilsæt lidt efter lidt mel og vand, indtil der opnås en glat blød dej, der ikke klistrer til hænderne. Form mellemstore kugler og flad dem til en let tyk og symmetrisk runding. Steg dem

eller kog dem i ovnen og tag dem ud, når de er gyldenbrune. De serveres i øjeblikket, ledsaget eller fyldt med grøntsager, tofu, sauce...

81. RULLET SANDWICH

Ingredienser til 6 personer

- 250 gram solsikkeolie
- 60 gram oliven / grønne oliven
- 60 gram Piquillo peber (båd) i strimler
- 35 gram sennep
- 10 gram kapers eller knap, en jævn spiseskefuld (valgfrit)
- 0,5 tsk Himalaya Pink Salt (ikke Himalaya, KALA NAMAK)
- 70 gram hvide asparges på dåse (fire mellemstore mere eller mindre)
- 30 gram rødkål
- 450 gram fuldkornsbrød uden skorpe (20 skiver, hvilket er en hel pakke)

- 100 gram Hacendado sojadrik
- 1 enhed(er) naturlig sojadessert med Sojasun bifidus (selvom jeg bruger Sojade)
- 30 gram sukkermajs på dåse (to spiseskefulde)

Forberedelse

2. Det er som en salt sigøjnerarm, sagde min mor, da hun så den første gang.
3. Og det er sådan noget. Det rækker langt til improviseret middage eller en farverig forret eller hvad som helst.
4. Hvis du gør det med det specielle rullebrød, vil det være mere præsentabelt, men jeg laver det med almindeligt skorpefrit skivebrød , og det ser godt ud.
5. Lav først vegansk (olie + sojamælk + kala namak salt + en halv teskefuld xanthangummi, hvis du har en) og sæt det i køleskabet.
6. Fugt en tynd klud eller stor klud og spred den ud på bordet eller disken. Læg brødskiverne meget tæt på hinanden, indtil klædet er dækket. Jeg plejer at gøre det i 4 rækker x 5 kolonner.
7. Tag veganeren ud og tilsæt sennep og yoghurt og fordel det over hele bunden.

8. Skær oliven i skiver (der kommer 4 ud af hver), aspargesene i halve på langs og rødkålen i strimler.

9. Sæt den i kolonner, så der er lidt mellemrum mellem hver enkelt. Jeg mener, en kolonne med peber, en anden af oliven, en anden af asparges... indtil du løber tør for plads.

10. Fordel derefter majs og kapers, så de er meget tynde mellem hullerne.

11. Rul nu ved hjælp af kluden sagen meget forsigtigt parallelt med søjlerne, og stram til, så den er fast. Når det er samlet, pakkes det ind ved at rulle det sammen med klædet og lægges i selve posen, hvor det skivede brød kom. Luk den med en elastik, og hvis den ikke giver dig, gør det ikke noget, så sæt gummiet på det, der stikker ud af kluden. Sæt den på køl et par timer og så kan du pakke den ud, skære den og server den oven på noget salat.

82. GRØNTSAGER OG AGURKSANDWICH

5 minutter

Ingredienser til 1 person

- 30 gram agurk
- 2 spsk Ost Urte Hvidløg Vegansk ostepålæg
- 60 gram fuldkornsbrød (2 skiver)
- 1 knivspids limesaft (dråber)

Forberedelse

1. Nysgerrig men lækker og let kombination til en frisk og mættende middag. (eller appetitvækker eller pinchín eller hvad du nu tænker på)
2. Så nemt som at fordele vegadelphia og skære et par skiver agurk. Tilsæt limedråberne oven på agurken og træk: B

83. FALAFEL, PIQUILLOPEBER OG VEGANSK SANDWICH

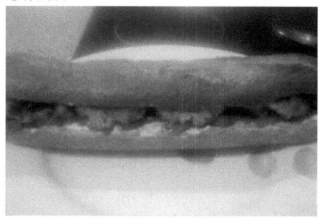

Ingredienser til 1 person

- 30 gram Piquillo peber (dåse)
- 1 tsk sesamfrø
- 2 enhed(er) af Falafel
- 2 teskefulde laktosefri ægfri sauce Hacendado veganesa
- 1 enhed(er) fuldkornsbrød med frø

Forberedelse

1. Vi forbereder falaflen (stegt eller bagt).
2. Vi åbner brødet og varmer det op.

3. Vi dækker med veganesa og sætter sesam.

4. Vi lægger falaflen og flader den lidt flad.

5. Vi lægger nogle skiver piquillo peber.

84. HURTIG HVEDE PIZZABRØD

Ingredienser til 1 person

- 1 knivspids oregano
- 50 enheder oliven / udstenede oliven
- 40 gram pakkede stegte tomater
- 20 gram vegansk Edam Sheese-ost Enhver ost, der smelter i ovnen (vegansk eller ej, afhængig af spisestedet)
- 40 gram sukkermajs på dåse
- 2 enheder Hacendado fuldkornsskåret brød

Forberedelse

1. Ovnen er forvarmet til maksimal effekt. Brødskiver ristes let i brødristeren. De dækkes med tomaten og med resten af ingredienserne efter smag. De sættes i

ovnen ved maksimal effekt i cirka 15-20 minutter og voila!

85. TOFU-SANDWICH

Ingredienser til 1 person

- 1 tomat enhed(er)
- 1 knivspids brød efter smag, jeg plejer at bruge et halvt brød
- 125 gram kold tofu

Forberedelse

1. Vi skar tofuen i tynde skiver, og vi førte den gennem gryden, indtil den brunede lidt. Vi skærer tomaten i skiver og lægger den ved siden af tofuen i sandwichen.

86. RÅ VEGANSK HØRFRØBRØD

Ingredienser til 6 personer

- 1,5 glas hakket selleri
- 1 glas revet gulerod eller anden grøntsag efter eget valg
- 1 enhed(er) vand
- 4 spiseskefulde solsikkekerner kan være andre frø eller blandinger
- 1 glas malede hørfrø

Forberedelse

1. pisk ingredienserne til du får en dej. Bred det ud på bagepapir og afvand i solen i 3 eller 4 timer på hver side.
2. Vi kan også tilføje krydderier som oregano, dild, basilikum...
3. den kan tørres i ovnen ved under 50 grader og med åben låge.

4. brød holder sig op til en uge i køleskabet.

87. PIPEBRØD

Ingredienser til 6 personer

- 2 spsk salt
- 200 gram vand (ml)
- 500 gram hvedemel (brødmel)
- 150 gram græskarkerner/kerner (diverse kerner)
- 100 gram ekstra jomfru olivenolie (ml)
- 100 gram majsolie (ml)

Forberedelse

1. Pisk vandet med saltet og olierne, indtil der opnås en emulsion.
2. Kom det i en skål, tilsæt mel og frø lidt efter lidt, bland og ælt til du får en dej. Fordel dejen på et stykke vokspapir ... og

skær den med en kniv (jeg har skåret nogle rektangler).

3. Bages i 25 minutter eller, hvis du vil have dem mere gyldne, 30 minutter i ovnen forvarmet til 180°C.

88. BRØD MED OLIVEN

Ingredienser til 5 personer

- 10 gram salt
- 500 gram vand (ml)
- 3 spsk olivenolie
- 500 gram hvedemel
- 250 gram oliven / sorte eller grønne oliven efter smag
- 1 knivspids frisk gær halvanden pille

Forberedelse

1. Vi opvarmer vandet i mikroovnen, indtil vi når ind og ikke brænder. Omkring 35° eller 40° og vi opløser gæren og lader den hvile i 10 minutter.
2. Hæld melet i en skål og lav et hul i midten som en vulkan.

3. Nu tilsætter vi olivenolien og de 10 g salt. Vi blander godt og begynder at ælte.

4. Når alle ingredienserne er integreret, tager vi dejen til marmoren og fortsætter med at ælte, indtil dejen ikke klæber til vores hænder. Til dette skal vi huske på, at vi bliver nødt til at fortsætte med at tilføje mel, jeg tilføjede endda næsten 200 g. Pointen er kendt, når dejen er håndterbar og ikke klæber til hænderne.

5. Nu tilsætter vi oliven, som vi tidligere har skåret i skiver og fortsætter med at ælte, indtil alle oliven er godt indarbejdet i dejen, så brødet får den form, vi ønsker.

6. Lad brødet hvile på bagepladen oven på marmoren, i en halv time eller 45 minutter. Vi ved, at dejen er hævet, når vi synker fingeren, og sporet forsvinder i løbet af få sekunder. Drys brødet med en tråd olie og sæt det i ovnen ved 220° i cirka en halv time, indtil det er gyldenbrunt. Vi ved, at brødet er færdigt, når vi prikker det med en tandstik, og det kommer rent ud.

7. Når vi har taget den ud af ovnen, venter vi på, at den er kølet lidt af og ... lad os spise!

89. KIKERT-, BLÅBÆR- OG VALNØDDSALAT-SANDWICH

Ingredienser til 4 personer

- 40 gram salat 4 store blade
- 40 gram hakket selleri
- 1 knivspids peber
- 40 gram valnødder
- 1 knivspids salt
- 10 gram vand 2 spsk
- 40 gram Sesampasta (Tahini) 4 spsk eller vegansk mayonnaise
- 30 gram purløg (grønt løg) hakket
- 300 gram dåse kikærter
- 20 gram æblecidereddike 4 spsk
- 200 gram flerkornsbrød 8 skiver

- 40 gram tørrede blåbær

Forberedelse

1. I en skål forbereder vi saucen: vi blander tahini eller vegansk mayonnaise med vandet og eddike; du kan tilsætte lidt maltsirup.
2. I en anden skål moser vi de kogte kikærter, tilsætter selleri, blåbær, hakkede valnødder, purløg, salt og peber og saucen.
3. Vi lægger et salatblad ovenpå 4 skiver brød, lægger salaten ovenpå og dækker med endnu et stykke brød.

90. ROSMARIN- OG HØRBRØD

Ingredienser til 4 personer

- 1 spsk rosmarin
- 1 tsk brun farin
- 350 enheder mineralvand skinneben
- 750 gram hvedemel
- 2 tsk havsalt
- 1 spsk ekstra jomfru olivenolie
- 100 gram hørfrø
- 25 gram frisk gær

Forberedelse

1. med gæren opløst i vand (halvdelen af hvad der hedder i opskriften) og sukkeret, opløs det i en træskål og lad det hvile i 10 minutter. Sæt ind. en skål med melet med

gæren og resten af ingredienserne, ælt det hele i ca. 10 minutter og når det har en god konsistens, dæk til med et klæde og lad det gære i ca. halvanden time, peg ovnpladen med olie og drys med mel, giv dejen den ønskede form og giv den diagonale snit (5 eller 6) på 1 cm. dæk igen med klædet i 45 minutter mere, når denne tid er gået, ælt et stykke tid, indtil du ser en god konsistens, og bag derefter med ovnen tidligere varm, ved 230 grader mellem 40 eller 30 minutter afhængig af den form du har valgt (boller, stænger, tråde...)

91. BRANDKRESE OG HUMMUSSANDWICH

Ingredienser til 4 personer

- 1 knivspids salt
- 1 knivspids olivenolie
- 200 gram fuldkornsbrød
- 150 gram brøndkarse
- 300 gram Hummus

Forberedelse

1. Vi vasker brøndkarsen og klæder let på med salt og olie.
2. Smør en skive brød med hummusen, læg en håndfuld brøndkarse ovenpå og dæk med endnu en skive.

92. TUNGT ROSIN OG VALNØDDEBRØD

Ingredienser til 6 personer

- 4 enhed(er) skrællede valnødder
- 5 gram salt
- 200 gram vand
- 350 gram hvedemel
- 3 spsk rosiner
- 10 gram frisk gær

Forberedelse

1. 1. Kom melet i en stor skål og lav et hul i midten.
2. Vi løsner gæren i en skål med fire spiseskefulde varmt vand. 3. Hæld dette præparat sammen med resten af det varme vand og salt i hulen af melet.

3. Bland dejen lidt efter lidt i hånden, indtil den adskiller sig fra skålens vægge og giver et homogent og fast udseende.

4. Vi dumper dejen på bordpladen i vores køkken, tidligere støvet med lidt mel, og ælter dejen i 10 minutter og tilsætter så lidt mel som muligt i denne proces.

5. Vi modellerer dejen, enten i form af brød eller i form af en bar, og lægger den på ovnpladen, der tidligere er melet.

6. Vi laver et par små udskæringer i den øverste del og sætter den i ovnen i 50 minutter ved 190°.

93. ALFALFA SPIRE SANDWICH

Ingredienser til 1 person

- 0,5 tomatenhed(er) skåret i skiver
- 1 knivspids salat et eller to blade
- 1 spiseskefuld revet gulerod
- 30 gram ananas en skive
- 1 kop spiret lucerne
- 60 gram fuldkornsbrød to skiver
- 2 teskefulde Hacendado Laktosefri Æggefri Sauce

Forberedelse

1. Smør begge brødskiver med vegansk.
2. Læg lucernespirer, salat, tomat, revet gulerod og en ananasskive.
3. Varm op og server.

94. FIGENBRØD

Ingredienser til 4 personer

- 50 gram valnødder
- 1 knivspids vegetabilsk margarine til at sprede formen
- 100 gram hvedemel
- 100 gram rå mandler (uden skal)
- 1 glas Anis
- 500 gram tørrede figner
- 5 spiseskefulde Yosoy-risdrik eller en hvilken som helst grøntsag

reparation

1. Hak de tørrede figner, hak mandlerne fint og bland alt sammen med melet i en skål, hak valnødderne og kom dem i skålen.
2. Tilsæt anis og vegetabilsk mælk. Bland alt godt, fordel en form med smør og tilsæt den forrige blanding.
3. Dæk med aluminiumsfolie og bag ved 160°C i 30 minutter.
4. Når figenbrødet er færdigt, lader du det varme og løsne.

95. KIKIÆRSALATSANDWICH

Ingredienser til 2 personer

- 40 gram salat
- 1 enhed (r) hvidløg
- 5 gram løgpulver
- 0,5 enhed(er) agurk
- 10 gram porre
    - glas kikærter udblødt 8 timer
- 1 enhed(er) avocado
- 2 knivspidser salt
- 30 gram syltede cornichoner
- 2 gram tangtang
- 1 spsk citronsaft
- 100 gram fuldkornsbrød 4 skiver
- 15 gram sprødstegt løg

Forberedelse

1. Vi koger kikærterne, dræner dem og knuser dem sammen med den udblødte tang. Det behøver ikke være pureret, men derimod "ujævnt".
2. Hak pickles, porren, et fed hvidløg og bland det med kikærterne. Smag til og tilsæt tofu eller sojasovs.
3. Vi skærer agurken og avocadoen i skiver.
4. Vi samler sandwichen. På en skive lægger vi et tykt lag kikærtesalat, dækker det med lidt stegt løg, salat, agurk og avocado. Dæk med endnu en skive brød. Vi varmer sandwichen lidt i ovnen.

96. KNUSKERE

Ingredienser til 4 personer

- 100 gram brød
- 1 tsk ekstra jomfru olivenolie

Forberedelse

1. Det er en fjollet opskrift, men jeg bruger den meget til at putte i puréer eller supper og til at udnytte brødet, der forbliver gammelt.
2. Vi skærer brødet i små firkanter.
3. Vi lægger brødet i meget varm olie, vi er omhyggelige med at gå rundt for at undgå at brænde til det er gyldenbrunt.
4. Vi tager ud og lægger på absorberende papir.
5. Hvis vi vil, kan vi putte et fed hvidløg i olien.

97. HAVREGRØDSKLIPPER

Ingredienser til 6 personer

- 250 gram havre
- 1 glas solsikkeolie
- 0,5 glas hvidt sukker
- 175 gram fuldkornshvedemel
- 2 spsk chiafrø
- 1 spsk vaniljeessens
- 2 spsk bagepulver

Forberedelse

1. kværn chiafrøene blød dem i 1/2 lille glas vand. bland de tørre ingredienser og tilsæt derefter olie og chia. lav en fast dej hvis der mangler mel tilsæt lidt efter lidt. Lav forme og bag 10 minutter på hver side.

Ingredienser til 1 person

- 0,5 tomatenhed(er)
- 1 knivspids salat et blad
- 0,25 løgenhed(er)
- 1 knivspids sort peber
- 1 knivspids salt
- 50 gram Tofu nogle skiver
- 1 tsk sojasovs (tamari)
- 60 gram fuldkornsrugbrød (to skiver)
- 2 teskefulde Hacendado Laktosefri Æggefri Sauce

Forberedelse

1. Kom tofuen i en gryde med lidt olivenolie.
2. Kom sojasovs, lidt salt og peber.
3. Brun den på begge sider.
4. Fordel vegansk kød på rugbrød, læg salat, tomat i skiver, løg og tofu.
5. Varm op og server.

Ingredienser til 4 personer

- 375 gram varmt vand
- 1 **spsk** havsalt
- 2 **spsk** frø / græskarkerner rasas
- 250 gram spelt (fuldkornshvedemel)
- 250 gram fuld rugmel

Forberedelse

1. Du skal også bruge 1 pose fuldkornsgær
2. Bland melene i en skål sammen med bagegær og salt. Tilsæt vandet og bland ved hjælp af en træske. Det er bedre at hælde vandet lidt efter lidt, for at se om dejen har brug

for mere eller mindre vand. Når det er godt blandet, dæk det med plastfolie og lad det gære i 2 timer (eller endda natten over og bage næste morgen). Dejen kommes ind i en aflang form beklædt med fedtsugende papir, der laves tværsnit i toppen og vi lægger græskarkernerne ovenpå, presser så de klistrer godt til dejen. Bag i en time, de første 25 minutter ved 220 grader og de resterende 35 minutter ved 175 grader. Det er vigtigt, at ovnen er forvarmet og ikke åbner ovndøren under hele processen.

100. SANDWICH MED SEITAN, BISTET PEBER OG SVAMPE

Ingredienser til 1 person

- 1 knivspids peber
- 1 knivspids salt
- 1 spsk olivenolie
- 5 enhed(er) svamp
- 40 gram brød et lille sandwichbrød
- 40 gram Seitan
- 50 gram peberfrugt

Forberedelse

1. Seitanen skæres i lange skiver og grilles med salt og peber. Svampene skæres og sauteres

med hakket løg og hvidløg. De ristede peberfrugter varmes på grillen og brødet ristes lidt. Ved sammensætning af sandwichen lægges seitan, peberfrugt og svampe oven på den nederste del af brødet og dækkes med den øverste del. Det kan give dig et hedeslag i ovnen.

KONKLUSION

Når du når slutningen af *The Ultimate Vegan Sandwich Cookbook* , håber vi, at du har opdaget den utrolige alsidighed og kreativitet, som plantebaserede ingredienser bringer til dit køkken. Sandwich er mere end blot et hurtigt måltid; de er en mulighed for at eksperimentere, dele og give næring.

Uanset om du laver en simpel frokostfavorit eller samler et indviklet gourmetmesterværk, så husk, at hvert lag fortæller en historie. Ved at vælge plantebaserede muligheder omfavner du ikke kun en sundere og mere bæredygtig livsstil, men tilføjer også et strejf af medfølelse til hver bid.

Nu er det din tur til at tage disse opskrifter, tilføje dine egne twists og dele dem med verden. For når det kommer til veganske sandwich, er mulighederne virkelig uendelige.

Tak, fordi du var med på denne smagfulde rejse - glad sandwichfremstilling!